Jean-Pierre Nucci

Ma première course

Jean-Pierre Nucci

Ma première course

Courir vite et bien

Experts

Impressum / Mentions légales
Bibliografische Information der Deutschen Nationalbibliothek: Die Deutsche Nationalbibliothek verzeichnet diese Publikation in der Deutschen Nationalbibliografie; detaillierte bibliografische Daten sind im Internet über http://dnb.d-nb.de abrufbar.
Alle in diesem Buch genannten Marken und Produktnamen unterliegen warenzeichen-, marken- oder patentrechtlichem Schutz bzw. sind Warenzeichen oder eingetragene Warenzeichen der jeweiligen Inhaber. Die Wiedergabe von Marken, Produktnamen, Gebrauchsnamen, Handelsnamen, Warenbezeichnungen u.s.w. in diesem Werk berechtigt auch ohne besondere Kennzeichnung nicht zu der Annahme, dass solche Namen im Sinne der Warenzeichen- und Markenschutzgesetzgebung als frei zu betrachten wären und daher von jedermann benutzt werden dürften.

Information bibliographique publiée par la Deutsche Nationalbibliothek: La Deutsche Nationalbibliothek inscrit cette publication à la Deutsche Nationalbibliografie; des données bibliographiques détaillées sont disponibles sur internet à l'adresse http://dnb.d-nb.de.
Toutes marques et noms de produits mentionnés dans ce livre demeurent sous la protection des marques, des marques déposées et des brevets, et sont des marques ou des marques déposées de leurs détenteurs respectifs. L'utilisation des marques, noms de produits, noms communs, noms commerciaux, descriptions de produits, etc, même sans qu'ils soient mentionnés de façon particulière dans ce livre ne signifie en aucune façon que ces noms peuvent être utilisés sans restriction à l'égard de la législation pour la protection des marques et des marques déposées et pourraient donc être utilisés par quiconque.

Coverbild / Photo de couverture: www.ingimage.com

Verlag / Editeur:
Éditions Vie
ist ein Imprint der / est une marque déposée de
OmniScriptum GmbH & Co. KG
Heinrich-Böcking-Str. 6-8, 66121 Saarbrücken, Deutschland / Allemagne
Email: info@editions-vie.com

Herstellung: siehe letzte Seite /
Impression: voir la dernière page
ISBN: 978-3-639-82701-9

Copyright / Droit d'auteur © 2015 OmniScriptum GmbH & Co. KG
Alle Rechte vorbehalten. / Tous droits réservés. Saarbrücken 2015

TABLE DES MATIERES

Introduction	3
I. Les premiers pas	5
II. Bien s'entraîner pour réussir sa course	24
III. Bien s'alimenter pour réussir sa course	72
IV. Ma première course	91
V. Les pièges de la contre-performance	103
VI. Conclusion	109

Lexique

Bibliographie

À mon frère.

Introduction

Courir *vite et bien,* ils sont nombreux ceux qui ambitionnent de le faire. Certains s'y sont déjà essayés, d'autres hésitent encore, la crainte de l'échec ancrée à l'esprit. La nature humaine rêve d'exploit. C'est ainsi. En l'absence de projet, la vie paraît insipide. Les grandes étapes franchies, professionnelles, familiales, patrimoniales, on cherche une épice. La course de fond peut être celle-là. Alors, *on se prend en main* et pour bien faire, on commence par une sortie entre amis le week-end. Au début, les foulées sont douloureuses, mais avec de la persévérance et un peu de temps le corps encaisse bien ce régime et l'effort devient plus aisé. Une logique qui encourage la gourmandise. Une deuxième sortie dans la semaine est alors envisagée. À ce rythme la sensation d'être en bonne condition physique laisse penser que l'engagement dans la course pédestre est à sa portée, pas de manière permanente, mais juste une fois pour se tester soi-même et vis-à-vis de l'autre. Naturellement vient le temps de l'inscription à une compétition officielle. Par prudence sur une distance pas trop longue, dix kilomètres tout au plus, car il est vrai qu'il n'est jamais bon de présumer de ses forces. Et le grand jour arrive, quel plaisir de se retrouver là au milieu de tout ce monde, en tenue de sport. L'heure du départ approche et la tension monte, une émotion ancienne resurgit, similaire à celle ressentie autrefois à la rentrée des classes. L'attente est longue, l'impatience domine la pensée. Le coup de départ donné, l'accélération fait suite au trépignement, plus question de gamberger, libre de s'exprimer enfin il faut maintenant courir *vite et bien,* jusqu'au bout. La ligne d'arrivée derrière soi, l'épuisement nous conduit à penser qu'avec de l'expérience et une préparation mieux ciblée, une meilleure performance aurait été possible. Piquée au jeu, l'intention de recommencer s'ancre à l'esprit. Bref, nous sommes prêts à nous entraîner dur pour améliorer notre résultat. Et c'est parti pour des heures d'entraînement à courir après une performance qui peut, in fine, se révéler chimérique si l'on n'y prend garde. À ce jeu, le risque de déception est réel, la recherche de la performance est parfois à l'opposé du plaisir. Un désir de renoncement peut se manifester et mettre fin à toutes ces bonnes intentions. À vouloir courir trop vite il est facile de se brûler et en fin de compte de se retrouver tel que l'on était avant cette aventure : un être totalement sédentaire.

Cet ouvrage a été conçu pour vous éviter de tomber dans ce piège. Sa lecture vous apprendra comment faire vos premiers pas, comment confirmer votre talent, comment réussir votre première course, comment identifier les pièges du renoncement et comment pérenniser votre activité.

Les premiers pas

L'aventure de la course sportive fait appel au bon sens. *Les premiers pas* dans cette activité sont souvent compliqués. Ils supposent un état santé irréprochable et suscitent bien des interrogations.
Savoir quelle course visée ? Le marathon de Nice ou celui de New York. Quelle distance aussi, dix kilomètres, le semi-marathon, le marathon ? Comment établir un objectif temps ambitieux et réaliste à la fois ? Quelle stratégie suivre le jour de la course ? L'apprentissage des connaissances élémentaires dans ce domaine est nécessaire pour mener à bien ce projet. C'est, pour ainsi dire, *le passage obligé* pour réussir sa première course.

D'abord, être en bonne santé.

S'il existe un dénominateur commun à l'ensemble des compétitions officielles, c'est bien *le certificat médical conforme à la pratique de la course à pied de compétition*. C'est le moyen imaginé par les organisateurs pour mettre fin aux inscriptions prises à la légère. S'engager dans une compétition officielle nécessite donc d'être en parfaite santé. La lecture des analyses sanguines, le contrôle du rythme cardiaque ne doivent pas présenter de dysfonctionnement notable. Mais, à contrario, qu'y aurait-il à craindre d'un engagement libre de toute contrainte ? L'affaiblissement de son état de santé voire pire, un accident cardio-vasculaire ! Chaque jour, des joggeurs succombent lors d'une séance d'entraînement ou à l'occasion d'une course de fond. L'enquête sanitaire qui s'ensuit démontre que pour 99 % des cas, la victime présentait un état de santé incompatible avec la performance sportive. Les fumeurs étant, vous vous en doutiez, les plus nombreux parmi les victimes.

Alors, avant *les premiers pas,* laissez-vous convaincre de l'utilité d'une visite médicale. Parlez de votre projet à votre médecin, il vous donnera la démarche à suivre. À l'issue des tests sanguins, cardio-vasculaires et pulmonaires, vous saurez si vous êtes aptes à l'exercice de la course à pied. Si vous optez malencontreusement de faire les tests au dernier moment, il n'est pas certain que le certificat médical vous soit délivré. Dans ce cas, vous aurez pris un risque pour votre santé et vous ne serez peut-être pas en capacité à être présent sur la ligne de départ.

Ne pas se tromper de course.

Vous voilà apte à courir sans risque majeur. Il vous faut maintenant choisir parmi le nombre considérable de compétitions laquelle est à votre mesure. Attention à l'erreur de jugement car se tromper de course, c'est prendre le risque de l'échec (voir à la page 16 *La route de la Parata*). Ce fut par ailleurs le cas de Marc. À quarante ans, comme d'autres personnes de cet âge-là, il avait eu l'idée de tester son endurance à l'effort en s'inscrivant à une course de fond et, qui plus est, loin de chez lui.
En fait, alors qu'il vivait à Paris, il s'était engagé à l'épreuve du marathon de New York pensant que son corps supporterait le décalage horaire et la distance de l'épreuve aisément. Cette mauvaise appréciation des risques était conditionnée par une idée erronée. Selon lui, le nombre considérable de coureurs sur la ligne de départ relativisait la difficulté de l'épreuve. La masse démystifiait l'effort à accomplir. Mal lui en avait pris. Sa méconnaissance du parcours, sa quantité insuffisante de travail foncier, l'absence de sommeil, se révélèrent préjudiciables. Il n'a jamais pu franchir la ligne d'arrivée, une contracture au mollet au vingtième kilomètre l'a contraint à l'abandon. Sa déception fut grande !
Après cela, son dégoût de la course à pied l'a éloigné de toutes formes

d'effort physique. Quel dommage ! Pourtant, il avait les qualités requises pour faire un bon coureur. Pensez donc, sans préparation spécifique, sa vitesse moyenne le jour de la compétition se situait aux alentours de 10 kms/heure. Une allure qui aurait pu le conduire à franchir la ligne d'arrivée aux environs des quatre heures. Peut-être que si la course avait eu lieu près de chez lui...

Comme je l'ai laissé entendre par endroits dans cet exemple, la masse de coureurs banalise l'épreuve. Et l'on en vient à croire qu'un marathon finalement ce n'est pas si inaccessible que cela. Faux ! Un marathon cela représente une distance de 42,195 km ! Cette réalité mérite réflexion. Tous les participants aussi nombreux soient-ils, le savent et y sont préparés. C'est à dire que chacun d'entre eux s'est donné les moyens de réussir sa course. Et l'un de ses moyens est le temps que l'on peut y consacrer. Là réside le cœur du débat. Avant de se lancer dans l'aventure, il faut s'interroger sur le niveau de faisabilité du projet. La concordance temps de travail, disponibilité doit être juste, car le programme d'entraînement peut s'avérer lourd en matière de quantité d'efforts. La fatigue guette régulièrement, la nervosité aussi. Dans le cadre de la préparation au marathon, 4 séances par semaine sont indispensables pour couvrir le programme dans sa totalité. C'est lourd ! Une incompatibilité avec les contraintes familiales et professionnelles peut survenir vite et perturber la qualité du travail physique. Dans cette hypothèse, le risque de l'échec est probant.

Ne pas se tromper de course, cela suppose aussi de connaître ses aptitudes physiques et psychiques. Ce n'est pas une chose aisée, surtout lorsque l'on n'a jamais fait de sport. Heureusement, le terrain apporte, avec un peu de temps tout de même, une réponse plus ou moins satisfaisante dans ce domaine.

Ne pas se tromper de course suppose in fine d'évaluer à leur juste mesure les sacrifices imposés pour réussir l'épreuve sélectionnée.

Bien choisir sa distance.

Bien choisir sa distance est un facteur de réussite, car c'est bien de ce choix que découle tout le reste. Le programme d'entraînement, l'objectif temps et la stratégie de course.
Les compétitions officielles regorgent de courses de fond diverses. Sur route, c'est le type de course privilégiée dans cet ouvrage, on les classe en deux catégories : les courtes et les longues distances. Au-delà des 10 kilomètres la course est considérée faisant partie de la catégorie des longues distances. Le semi-marathon et le marathon en font partie.
Le semi-marathon semble la course idéale pour une première course. Pourquoi ? Les courses de courtes distances sont trompeuses et mal nommées. L'idée même que la distance soit courte fausse la bonne perception de l'effort à accomplir. 10 kilomètres, c'est long ! Qui plus est, pour une personne inexpérimentée. Beaucoup de coureurs s'y engagent sans vraiment se préparer sérieusement pensant, à tort, que finir l'épreuve est une formalité. À l'arrivée l'impression ressentie contredit cette pensée. La souffrance est forte et le corps est traumatisé. Il n'est pas rare de voir, peu de temps après, apparaître une blessure vertébrale ou articulaire.
Revenons au semi-marathon. Une préparation s'impose à l'esprit. À l'inverse des 10 kms, la distance est assez impressionnante pour être prise au sérieux. C'est la raison pour laquelle, les engagements *de dernière minute* y sont assez rares. Le programme d'entraînement est lourd, certes, mais bien accepté par le corps et le mental. Qui plus est, le fait de franchir la ligne d'arrivée donne la sensation d'avoir réussi un exploit. L'estime de soi s'en trouve fortement appréciée.
Le choix de la distance à courir détermine donc la quantité de travail. La règle est simple, plus la distance est longue et plus la quantité de travail est grande et inversement.

L'épreuve de longues distances (marathon, 20 kms, semi-marathon) nécessite beaucoup de disponibilité. Pour mettre tous les atouts de son côté, trois ou quatre séances hebdomadaires d'une durée relativement longue (entre 1 h minutes et 1 h30 voire plus) sont nécessaires.

L'épreuve de courte distance nécessite une disponibilité moins forte mais suffisamment importante pour un beau succès. Pour mettre là aussi tous les atouts de son côté, deux séances ou trois hebdomadaires d'une durée plus ou moins longue sont nécessaires.

Bien définir son objectif temps.

Une fois le choix de la course fixé, il convient de bien définir le chrono à réaliser. Un *objectif temps* modulable au cours de la programmation. Les progrès réalisés, les sensations ressenties et la meilleure évaluation des capacités contribueront à faire évoluer cet objectif. Rajoutons que d'autres impondérables peuvent intervenir et changer les choses. Le climat, la nourriture, l'état de santé du moment...
Ce sont là les inconvénients de la découverte. On manque de repère. Ce qui semblait vrai au départ ne l'est plus à l'arrivée.
Lors *des premiers pas*, l'important est *de finir* l'épreuve et, si possible, dans de bonnes conditions physiques. Puis l'idée de *faire un temps* se matérialise à l'esprit. L'ambition se développe, les progrès encouragent la gourmandise. C'est là qu'il faut faire attention. ! Nos propres impressions sont trompeuses. On peut se croire trop fort et perdre sa lucidité.
Après-coup, la déception est immense. Je garde en mémoire une épreuve, le ½ marathon de Paris, dans laquelle je pensais réaliser un chrono identique à celui que j'avais réalisé cinq mois plus tôt sur une distance moins longue d'un

seul kilomètre, les 20 kilomètres de Paris. Quelle prétention ! À mi-parcours, j'étais dans les temps, deux kilomètres plus loin j'avais fait connaissance avec *le mur* dont on m'avait rebattu les oreilles. Mes muscles m'avaient semblé durs et de fait chaque foulée difficile à exécuter. L'allure de mes foulées avait suffisamment ralenti pour avoir la sensation de ne pas avancer. L'idée d'abandonner avait parcouru mes pensées et sans un brin de vanité jamais je n'aurais terminé cette épreuve. Ce fut l'une des plus belles leçons d'humilité de ma vie sportive.

Mais alors comment connaître le chrono espéré d'une manière juste et réalisable ?

Le chrono correspond à vos limites. Seuls de bons repères physiologiques permettent de les connaître avec justesse. L'aide du médecin du sport peut être une solution pour contourner cette difficulté. Après examens médicaux et physiques, il délivrera votre limite physiologique du moment (*VMA* voire plus loin & foire aux questions page 39) et les progrès envisageables pour la suite. Mais est-ce bien nécessaire de connaître toutes ces données ?

Si vous savez tout sur votre potentiel avant même d'avoir pris le départ que vous restera-t-il comme satisfaction ? *Rappel*ez-vous, c'est votre première course. Essayez d'y participer en donnant le meilleur de vous-même sans trop vous mettre de pression.

Comment définir le bon objectif temps ?

Le mieux est de ne pas le fixer d'une manière trop précise. Préférez **une fourchette**. Cela vous évitera une mauvaise interprétation du résultat. L'exemple des *quatre heures* au marathon est significatif. À l'arrivée la déception est souvent de mise. Beaucoup de coureurs sont déçus d'avoir échoué d'une minute ou légèrement plus. Quelle absence de lucidité ! Et quelle mauvaise appréciation de la performance ! C'est regrettable et, pour en rajouter, le travail considérable fourni en amont est remis en question pour si peu. La déception aurait été fortement minimisée si l'objectif temps avait été fixé *autour des quatre heures*. On a tendance à se voir trop fort. La réalité est différente. Le chrono ne triche pas. Une belle performance peut être convertie en échec. Pourtant, si l'on se laisse le temps de la réflexion quatre heures, quatre heures une c'est la même chose. Où est la différence ? Loin d'être un coureur de haut niveau, la lecture de ce livre l'atteste, votre ambition doit rester relative et c'est ici que la notion de fourchette est intéressante. Elle modifie la relation avec la performance. En l'adoptant, vous ne serez plus à une voire deux minutes près. Qui plus est, la mesure de nos propres chronos évolue avec l'âge. Après bien des années, il arrive même que certains échecs soient vus comme des succès.

Comment apprécier le rythme de course ?

C'est tout le problème. Comme je l'ai déjà développé en amont, l'absence de repère rend impossible l'exacte définition du rythme à suivre. Pourtant, ce rythme est important à déterminer, car il vous conduira de la ligne de départ à la ligne d'arrivée. En d'autres termes, c'est votre **train de la course**. Il ne doit pas varier, les accélérations intempestives fatiguent l'organisme prématurément. Reste à le définir. Le mieux est de laisser votre corps le suggérer. **Le bon souffle, c'est la bonne allure.** La respiration est active, ample, elle correspond musculairement à la bonne filière énergétique (voir plus loin & Bien s'entraîner pour réussir sa première course.)

L'itinéraire a lui aussi son importance. Le *chrono* espéré varie selon que l'épreuve présente un parcours avec un fort dénivelé ou non. Je garde aussi en mémoire le souvenir d'un chrono désastreux réalisé dans une épreuve de demi-fond où la seconde moitié du parcours était constituée essentiellement d'une pente très raide (La Croix Verte). À chaque pas la douleur éprouvée dans les membres inférieurs m'incitait à revoir mes prétentions. Au final, j'avais considéré que le simple fait de franchir la ligne d'arrivée représentait en soi, ce jour-là, une belle performance.

Le terrain d'entraînement peut influer fortement sur le choix de la course. Il est parfois difficile, voire impossible de changer de lieu d'entraînement pour des raisons de proximité et d'emploi du temps. Afin de se prémunir contre toute mauvaise surprise, la configuration du lieu habituel de l'entraînement doit influencer le choix de l'épreuve.

Pour exemple : D'ordinaire je m'entraîne près de chez moi, dans un jardin parisien (Luxembourg). Je tourne autour. Le parcours n'est pas nivelé, il comporte une partie qui monte, une partie plane et une partie qui descend. Cette configuration du jardin m'a été souvent utile en compétition. Dans les côtes, mes jambes ne m'ont jamais trahi sauf une fois. J'ai délaissé mon terrain favori, plus par lassitude que pour autre chose, pour un autre terrain entièrement aplani (jardin des Tuileries). La course qui a suivi m'a démontré que j'avais eu tort de le faire. Mes jambes avaient peiné sérieusement en montée et le résultat au final fut assez décevant.

Depuis je fais attention de repérer le parcours de l'épreuve et dans la mesure du possible de me préparer dans une zone qui présente une configuration géographique relativement similaire.

La date de l'épreuve influence fortement le chrono.

Les courses prévues en belles saisons, au printemps, en été, peuvent se dérouler par de fortes températures. Passé les 25°C les pertes hydriques, minérales et caloriques sont majorées. Il est difficile dans ces conditions de se dépasser et d'espérer un bon chrono. Au cœur de l'hiver, c'est le froid intense, le vent qui peut nuire la performance, bien que, je préfère le froid à la chaleur, mais il est vrai que les conditions rugueuses, pluies, grêle, froid excessif, peuvent représenter là aussi un frein au dépassement de soi.

Ma préférence va vers les courses prévues à la sortie de l'hiver. La température n'est pas trop élevée et reste relativement fraîche, moins de 20°c et donc propice aux records. Qui plus est, songez qu'avec les années, la chaleur s'accorde mal avec la performance sportive.

Bien définir sa stratégie de course

La stratégie consiste à prévoir tout ce qui peut favoriser ou perturber la course. Les professionnels en parlent comme d'un moyen d'optimisation de la performance.

La parfaite connaissance du parcours, la situation des points de ravitaillement et le contrôle de la vitesse représentent *les paramètres constants* de la course. Ils sont relativement maîtrisables.

<u>La parfaite connaissance du parcours</u> permet de mieux prévoir le déroulement de la course.

Une fois celle-ci en mémoire, il est plus facile d'imaginer les passages où il est possible d'accélérer, si jamais on est tenté de le faire, où il est impossible de maintenir son allure, lors d'une côte notamment, où il préférable de rattraper le temps perdu etc. Mais ce que révèle cet aspect de la stratégie, c'est le chrono qu'il est probable d'envisager.

L'objectif temps est étroitement dépendant de la configuration du parcours. Plus la pente est raide et moins le chrono sera bon. Essayez de battre votre record aux dix kilomètres du IXe arrondissement de Paris ou à l'occasion du Marseille-Cassis ! En d'autres termes, il n'est pas question d'aller chercher un résultat dans une épreuve composée en majeure partie de côte abrupte. Il vaut mieux s'orienter vers une compétition dont l'itinéraire ne comporte pas de contrainte de cette sorte.

<u>Les lieux de ravitaillement</u> sont généralement prévus tous les cinq kilomètres. Pourquoi ? Parce que les organisateurs considèrent que c'est le meilleur kilométrage pour répondre aux dépenses en énergie et en eau de l'organisme. Cela dit, rien n'interdit de faire autrement. Certains coureurs portent leurs propres ravitaillements sur eux et le consomment comme ils l'entendent.

Pour ma part, je mange et je bois aux bornes de ravitaillement. Un carré de sucre et une demi-bouteille d'eau suffisent à me satisfaire. Cela dit, quand je cherche un chrono et que mon allure est rapide, je dois avouer qu'il m'est difficile de m'hydrater lors des premiers ravitaillements. Aux cinq et dix kilomètres, *je peine* à boire. Dès que je le fais, j'ai le souffle coupé et je ne peux plus avancer. Alors, je ralentis et bois peu. Plus tard, au quinzième kilomètre, vu l'importance des pertes hydriques mon organisme accepte plus facilement l'eau que je lui propose. J'ai bien essayé quelquefois de m'alimenter par moi-même à l'aide de fioles, mais cela ne m'a pas réussi. Je digère difficilement les pâtes et autres substrats énergétiques que l'on trouve sur le marché.

Finalement, je pense que c'est à chacun de définir ce qu'il lui va le mieux. Certaines personnes choisissent de s'alimenter par eux-mêmes sans tenir compte du ravitaillement officiel, d'autres préfèrent s'y tenir, d'autres encore combinent les deux. C'est à la discrétion. Mais quelle que soit la méthode que vous choisissez, il est impératif de la mettre à l'œuvre à l'entraînement bien avant le jour de la compétition. Cela donne à l'organisme le temps de s'adapter à cette nouvelle méthode alimentaire.

<u>Le contrôle de la vitesse de course</u> se fait de manière permanente, avec exactitude, avec un instrument de mesure (cardio-fréquence-mètre) ou de manière plus naturelle en étant constamment à l'écoute de son rythme respiratoire et en contrôlant son temps de passage à chaque kilomètre.

Aujourd'hui, presque tout le monde utilise le cardio-fréquence-mètre. C'est pratique, l'allure de la course y est indiquée sur le cadran de la montre directement, ou indirectement par l'information de l'état des battements de son cœur en nombre ou en pourcentage. La minimisation du risque d'erreur constitue indéniablement le gros avantage du recours à cet instrument. Le fait de prévoir le nombre au minimum et maximum de battements cardiaques par minute à respecter éloigne la contre-performance. Avec cet outil, on est certain d'arriver sans trop de dégâts en relative sécurité. L'inconvénient, c'est que cette protection limite le dépassement de soi. La performance est fortement encadrée. Qui plus est, le rythme cardiaque prévu au départ augmente progressivement durant la course avec le temps et la fatigue. Pour le maintenir l'obligation de diminuer l'allure de course s'impose impérativement et la performance avec. Mais, comme il est dit dans le jargon sportif, « de cette façon on est sûr de terminer ! ».

Personnellement, quand je suis en quête d'un chrono, ma préférence va vers la méthode naturelle même si elle m'a valu par le passé quelques ennuis. J'écoute les indications que m'envoie mon corps et je règle ma vitesse de course en fonction d'eux. C'est pratique, mais cette technique demande beaucoup de concentrations, car une légère absence d'attention peut générer une fatigue précoce qui compromettra le résultat final. À côté de ces *paramètres constants,* il existe des paramètres variables moins maîtrisables et il arrive souvent que le déroulement de l'épreuve ne se passe pas comme on l'avait prévu à cause du nombre trop important de participants et/ou des caprices de la météo.

<u>Le nombre de participants peut générer une perte de temps.</u> Idéalement, une course bien menée est une course où l'on avance à la même allure du début à la fin. Une épreuve, où il serait possible de courir à la vitesse attendue depuis la ligne de départ jusqu'à la ligne d'arrivée, serait la course idéale. Mais cette hypothèse est rare.

Lors des courses les plus médiatisées, le nombre important de participants empêche de dérouler ses foulées pendant les premiers kilomètres. Il faut patienter pour courir à son rythme. La perte de temps est significative. Cela m'est arrivé aux 20 kilomètres de Paris. Je me *Rappel*le avoir piétiné les deux premiers kilomètres et, dans l'idée de rattraper le temps perdu, j'avais accéléré par à-coups jusqu'au cinquième kilomètre. Ces changements successifs de vitesse m'avaient fatigué prématurément. Au dixième kilomètre, mes jambes avaient cessé de répondre à mes sollicitations. La deuxième partie du parcours avait été laborieuse. Pour tout dire, j'avais eu toute la peine du monde à finir l'épreuve. Ce jour-là j'ai compris combien il était vain d'agir de la sorte et combien il était essentiel de prévoir ce type de problématique à l'avance.

Depuis, en pareille circonstance, j'agis différemment, soit je maintiens mes ambitions en rattrapant mon retard progressivement sur l'ensemble du parcours en faisant bien attention de ne jamais accélérer trop intensément, soit je minimise mes prétentions dès le départ. D'autres que moi, *les petits malins*, se positionnent sur la ligne de départ avant la masse des coureurs. C'est astucieux de leur part, mais aujourd'hui cette ruse n'est plus envisageable. Les participants sont regroupés par niveau en amont de la course, lors de l'inscription.

<u>Les variations de la météo</u>. Il arrive parfois que la météo ne concorde pas avec l'état du ciel et la température espérée. En 2006, j'ai souffert lors du marathon de Paris. Le 6 avril à midi, la température s'élevait à +28 C° ! Et bien qu'ayant pris soin de m'hydrater régulièrement, j'avais quand même souffert de la soif. Cet inconvénient m'avait obligé de reconsidérer à la baisse ma performance. Il faut bien prendre conscience que les conditions idéales ne se présentent pas souvent au cours d'une saison. Quand le parcours se prête à la performance, c'est la météo qui ne l'est pas, etc.

La stratégie consiste donc en amont de l'épreuve à maîtriser au mieux les impondérables susceptibles de survenir, en sachant qu'il est vain d'y parvenir totalement.

« LA ROUTE DE LA PARATA. » Un exemple à ne pas suivre ?

Ajaccio Juillet 2002, 21 heures, Auberge du Prunelli.
Je regarde avec gourmandise couler dans nos verres le vin servi par Gilles.

Une bouteille de « Clos Capitoro », un vin d'Ajaccio qui, je l'espère, s'accordera au mieux avec les mets choisis par tous. Pareils aux mousquetaires, Gonzalo, Patrick et moi-même attendons de le savourer en bons gastronomes que nous sommes.

- Bon, intervient mon frère, c'est bien beau vos digressions bacchanales, mais cela ne nous dit pas comment tu vas nous préparer pour le marathon.

- Ouais coach, qu'as-tu prévu pour notre aventure ?

- Hé bien figurez-vous que j'ai penser tester votre endurance afin de connaître votre capacité à courir une telle distance. »

Le Marathon de New York, c'est l'objectif que nous nous sommes fixé. Un objectif surprenant dans la mesure où aucun de nous quatre n'a jamais couru une telle distance de sa vie. Mais ce soir, le vin aidant, nous voilà déjà en train de franchir la ligne d'arrivée, les bras levés au ciel pour témoigner de notre réussite.

L'esprit new-yorkais nous quittons l'auberge, entendue de nous retrouver le surlendemain, dès 7 heures, à la fraîche, devant le cimetière marin, pour un test de dix-huit kilomètres. Un aller-retour jusqu'à la Parata.

Deux jours plus tard, un mauvais pressentiment envahit mes pensées. Ce qui me préoccupe, c'est l'état de forme dans lequel se trouve Gonzalo. Il a commencé la préparation avec beaucoup de retard et je crains que sa condition physique ne lui joue un mauvais tour pendant la course.

À l'auberge, entre deux tournées, j'avais bien essayé de lui conseiller de nous rejoindre à mi-parcours pour courir uniquement le reste de la distance, mais, même si à table, il avait semblé accepter cette recommandation, je crains qu'aujourd'hui il n'en fasse qu'à sa tête et décide au dernier moment de participer à la totalité de l'épreuve. Dans ce cas, nous serions ennuyés, car j'avais prévu que ce soit lui qui nous approvisionne en eau à mi-chemin.

7 h 45, tous sont présents, prêts à courir plus 1 h30 par une forte chaleur. Comme je le pressentais, Gonzalo m'annonce que sa solidarité envers le groupe le conduit à subir le même traitement que les autres. N'ayant pas le courage de contrer une telle résolution, j'acquiesce à sa demande en espérant ne pas avoir à le regretter par la suite. Entendus comme cela, nous démarrons notre course en rang serré, sans eau ni vivre, sur l'étroit chemin qui borde la chaussée. Je connais bien cette route, c'est la route des plages. Elle m'a souvent conduit à la mer. Sinueuse, elle longe la Grande Bleue de la ville à la presqu'île de la Parata, ce cap qui fait face aux Sanguinaires, ce chapelet d'îles qui garde l'entrée du golfe d'Ajaccio.

Chaque fois que je l'emprunte, mon regard est attiré par la vaste étendue d'eau salée qu'elle surplombe. Outre la jouissance du panorama, c'est sans doute l'idée d'ailleurs qui m'a toujours poussé à rarement regarder de l'autre côté.

8 h 15. Le lourd silence qui accompagne nos foulées exprime chez mes amis, je le crains, la peur de l'échec. Je me dois d'intervenir pour relativiser l'enjeu. J'engage la conversation pour faire diversion. Cela marche. Peu à peu l'atmosphère se détend et l'esprit libre, de commentaires en commentaires, notre groupe s'anime au point de s'apparenter très vite à une bandes de joyeux lurons confondant une course de longue distance avec une promenade de santé. C'est sympathique. Et voilà que je me surprends à freiner les ardeurs tant la bonne humeur a contribué subrepticement à accroître notre allure. Sans s'en rendre compte, les écarts se forment entre nous. J'en profite pour Rappeler notre engagement de solidarité :

« On court les uns à côté des autres les gars. Pas trop vite. On commence et on termine ensemble, c'est la règle.

- Oui ! Ok coach.

- Ouais, au fait, est-ce que vous avez regardé le match à la télévision ?

- Sur quelle chaîne ?

- Bla-Bla !

9 heures. La route est longue, chacun court maintenant à son rythme cherchant à minimiser sa fatigue et malgré mes consignes le groupe se distend inéluctablement.

Après la plage du « Week-End », mon frère et Patrick filent à toutes jambes. Gilles, Gonzalo et moi, à petits pas, suivons à une centaine de mètres derrière.

Au fur et à mesure que nous avançons les visages du petit groupe que nous formons désormais se ferment et expriment parfois même de l'inquiétude. Le test d'endurance s'avère plus difficile que prévu et, à ce stade de l'épreuve, les signes d'épuisement se font déjà sentir. La désagréable impression d'avoir les jambes lourdes, le souffle court et le corps endolori agit sur le moral et génère un sentiment de découragement. Je les incite alors à soutenir leur effort jusqu'au bout : « Allez les gars, on tient bon, deux kilomètres et nous y sommes, allez courage ! »

Un peu plus loin, j'observe Gilles à la peine. Il avance une main sur la hanche, l'autre bras ballant le long du corps et son dos est curieusement courbé en arrière. Je me joins à lui pour en savoir plus. Il m'apprend alors qu'il ressent une forte douleur entre les omoplates et que cela bloque sa respiration. Je lui propose de ralentir afin d'en parler un instant :

« Tu crois que tu pourras continuer comme ça longtemps ?

- Je ne sais pas. Je verrai plus loin.

- Attends, je vais te soulager un peu. Tourne-toi, je vais te soulever et à mon signal, tu souffleras très fort, d'accord ?

- Heu ! Oui. »

Devant le regard incrédule de Gonzalo, je me colle juste derrière lui et je l'étreins fortement de mes bras, ce qui a pour effet de les faire rire, puis je le soulève et le secoue comme un prunier.

«

- Pfft, pfft...

- Plus fort

- Pfff......
- C'est bien, alors cela va mieux ?
- Bof. »
Mon expérience de coach me recommande une vieille astuce psychologique en vue de le motiver de nouveau. Je lui suggère de renoncer, de faire demi-tour et de rentrer sans nous attendre, sachant quelle sera sa réaction. Sa réponse fuse :
« Pas question, j'y suis, j'y reste ! D'ailleurs je crois que ça va déjà mieux.
- Très bien, alors on y va, doucement mais sûrement, on n'oublie pas de souffler hein, c'est important.
- Pfft
- Pfft... »
9 h 15. Nous voici de nouveau tous ensemble à la Parata. Pour être plus précis, au bout de la route. Nous récupérons de notre effort. Personne ne parle, l'ambiance est pesante. Chacun écoute son corps recherchant par là une meilleure récupération. Ne voyant pas d'un très bon œil cette situation s'éterniser, je les invite à admirer les alentours le spectacle qu'offre le paysage. Aucune réponse. L'esprit opiniâtre, je tente d'attirer leur attention par une description lyrique et quasi absurde de la perspective qu'offres les îles qui se détachent du paysage marin, pareilles à des navires mouillant à l'ancre. Toujours rien ! Sur ma lancée, je continue de plus belle et désigne du bras la tour Génoise s'illustrant dans le ciel azur et qui domine la presqu'île que gravissent des touristes avides de sensations fortes. Malgré la passion que je mets dans mes descriptions, les visages demeurent crispés. Silence radio ! A peine un soupir de désapprobation. Ils demeurent tous enfermés dans leur désolation jusqu'à ce que Gilles intervienne brutalement :
« J'ai soif, c'est insupportable !
- Moi aussi, j'en ai assez repris Gonzalo, en plus, il fait une chaleur d'enfer.
- Quand je pense que l'on a couru à peine la moitié du parcours, s'exclame

Patrick.

- Jean-Pierre ! J'y vais, m'annonce mon frère, il fait chaud ici, on crève.
- Je te suis lui répond Gilles, il faut que je bouge ou je vais cuire sur place.
- Moi aussi renchéri Patrick en leur emboîtant le pas.
- ?!!! »

Dans l'impuissance de réfréner cette mutinerie, je me retrouve seul avec Gonzalo. C'est vrai qu'il fait chaud, ça cogne dur et par instant cela me donne la sensation de fondre littéralement.

Aussi nous ne tardons pas à imiter nos amis et à reprendre la course. Le retour s'annonce rude, nous convenons de faire le chemin proche l'un de l'autre, à notre rythme, sans forcer, de manière à piéger la fatigue.

Souvent, je m'éponge le front avec mon polo pour éviter que la sueur ne me pique les yeux. Gonzalo est trempé. Son visage laisse apparaître par endroits des stigmates salés signes de déshydratation évidente. Je l'adore mon corso argentin, il pourrait m'éconduire et arrêter sa course, mais non, il continue sans broncher. Pourtant, rien ne l'empêche de la faire, son caractère, son intelligence, son statut social même, font de lui un être responsable de ses actes. Il n'est pas soumis, au contraire, il répond de son mieux au contrat, c'est tout. Le coaching n'est pas un acte de sujétion, c'est un acte consenti. Personne ne domine personne. Le coaché s'en remet à un professionnel dans un domaine qu'il ne maîtrise pas. Rien de plus. Et aujourd'hui le professionnel, c'est moi, et par ma faute, on est là assoiffé sur cette route qui n'en finit plus. Haut dans le ciel, le soleil diffuse une lumière intense qui nous oblige à baisser la tête. Le regard rivé sur les chaussures, c'est à pas de fourmis que nous continuons notre chemin.

10 h 15. Nous longeons sans y faire attention la plage de Marinella, à ce stade de l'épreuve, la majesté du site ne nous intéresse pas et le marathon non plus. New York oublié, la bouche pâteuse, je parle de tout et de rien pour faire diversion. Gonzalo fait l'effort de sortir de temps en temps de son

silence pour approuver quelques-uns de mes propos par un grognement suspect. À chaque foulée, son souffle rauque m'informe que son corps est à la peine. Il est temps que l'on en finisse, cette fin de parcours est un véritable cauchemar. Encore deux kilomètres et nous y serons. Tout son être exprime maintenant de la lassitude et par moments j'ai l'impression de ressentir moi-même la même sensation et cela m'épuise. Je l'exhorte pourtant à poursuivre son effort encore un peu dans la mesure où la fin du parcours n'est plus très loin. Vingt minutes plus tard nous visualisons le cimetière enfin à quelques centaines de mètres droits devant. Nous convenons de finir le parcours en marchant. À l'arrivée, j'ouvre sans attendre la portière de mon automobile pour récupérer l'eau à l'intérieur. Une bouteille que je m'empresse de boire d'un seul trait. Gonzalo fait de même puis va s'asseoir avec les autres sur un muret en pierre à l'abri du soleil. Nous sommes tous exténués. Immobiles, le visage enfoui dans les mains, Patrick, Gilles et Gonzalo semblent récupérer de leur effort. Mon frère plus alerte m'apprend en aparté que nos amis n'ont pas prononcé un mot depuis qu'ils sont là. Je m'adresse à eux avec inquiétude :

« Gilles, Patrick, ça va ?

- Je récupère me répond Gilles. J'ai très mal à la tête.

- Il faut boire les gars, c'est important si vous voulez bien récupérer.

- C'est bon, me répond-il, j'ai déjà bu deux bouteilles au moins. Bon sang, je ne pensais pas que cela allait être aussi dur. À certains moments, j'ai cru que j'allais arrêter tellement j'avais mal.

- Ça va mieux maintenant ?

- Ouais, enfin si l'on veut, je commence à me remettre, de là à dire que ça va mieux... Je vais rentrer, je t'appelle en fin d'après-midi.

- Ouais je te suis, moi aussi je vais rentrer à la maison rajoute Gonzalo le visage livide.

- Bon, ça va aller, mangez beaucoup de fruits et buvez sans compter.

- Ok, ok.

- Je crois que l'on va s'en souvenir les gars, dis-je sur le ton de la plaisanterie.

- C'est sûr, répond Gilles sur le même ton, avec ça on a de quoi alimenter les longues soirées d'hiver.

- Allez à bientôt. Rentrez doucement.

- T'en fais pas ça va aller. À ce soir. »

En fin de journée, je m'entretins tour à tour avec eux et ma surprise fut grande d'apprendre qu'ils souhaitaient tous continuer l'aventure. Loin d'être découragés, ils réclamèrent une dose d'efforts supplémentaires pour parvenir à leurs fins. Il faut parfois souffrir pour apprendre. C'est le cas de le dire.

Cette expérience pour le moins douloureuse m'a révélé que nous avons encore beaucoup de travail devant nous afin d'avoir la forme nécessaire pour réaliser, dans les meilleures conditions qui soient, une épreuve comme le marathon.

La réussite sportive passe nécessairement par une bonne préparation physique, une organisation matérielle adaptée et un soupçon d'humilité vis-à-vis de la performance. C'est la leçon que je tire de cette histoire.

II Bien s'entraîner pour réussir sa première course.

Le choix de la première course programmée, il reste à concevoir le bon programme d'entraînement afin de mettre toutes les chances de son côté pour la réussir. Mais avant de savoir combien de temps et à quel rythme il faut courir, il convient de déterminer avec quel équipement il faut le faire.

Avec quel équipement ?

<u>Commençons par les chaussures.</u> Elles représentent l'élément matériel le plus déterminant. Un mauvais choix et c'est *le pépin assuré*.
Le marché de la chaussure est bien fourni en matière de goût et de qualité. Chacun peut donc *trouver chaussure à son pied* pourvu qu'il se munisse d'un modèle conforme à la configuration de ses voûtes plantaires.
Attention à ne pas se tromper ! Il existe trois modèles.
Le modèle dit « universel » est destiné à tous les pieds.
Le modèle dit « pronateur » est destiné aux pieds inclinés en dedans.
Le modèle dit « supinateur » est destiné aux pieds inclinés en dehors.
Compte tenu de l'inclinaison externe de mes voûtes plantaires, j'ai opté pour le modèle supinateur. Je préfère le prototype « entraînement » au prototype « compétition. » Un choix guidé par plus la souplesse que par la résistance. Mon tendon d'Achille me fait des misères et s'en ainsi trouve soulagé. Je change de chaussures tous les six mois. C'est onéreux mais nécessaire. Selon les fabricants, les matériaux perdent leur élasticité au bout d'un semestre et, ce qui semble curieux, même sans utilisation.
Pour faire le tri entre les marques et les modèles, un détour chez un professionnel s'impose.
<u>La tenue vestimentaire</u> joue, elle aussi, un rôle majeur dans la performance. Une tenue trop chaude à la belle saison et c'est la déshydratation assurée.

Une tenue trop légère l'hiver et c'est l'hypothermie garantie.

Dans son ensemble, la tenue doit convenir à la morphologie du coureur. Légère en été, chaude en hiver, « respirante » qui laisse passer l'air sans refroidir le corps, ergonomique, pratique à porter, souple, ne présentant pas de couture saillante. À ce sujet, le bon moyen de limiter le frottement du tissu sur la peau est de placer aux endroits où le risque de frottements est grand, notamment les mamelons, une bande adhésive.

Comme pour les chaussures, il existe toutes sortes de tenues sur le marché. À vouloir s'équiper soi-même, on risque de se tromper. Le mieux est de se fier aux professionnels et de se tenir continuellement informé des nouvelles innovations en la matière. Par exemple, depuis peu j'utilise des manchons conçus pour les mollets. Cela facilite le retour du sang vers le cœur. Il en existe aussi pour les bras. C'est un bon moyen de se prémunir contre les crampes, contractures et autres traumatismes.

<u>Les instruments de mesure.</u> Ils sont nombreux et variés à la fois. On trouve de tout. De la montre munie d'un chrono classique en passant par le cardio-fréquence-mètres et le smartphone plus sophistiqués qui indiquent les données essentielles que chaque coureur doit connaître : le temps, la distance et la vitesse.

Faire appel à la technique suppose de s'en servir avant le jour de l'épreuve, car la parfaite maîtrise de l'instrument réduit considérablement le risque d'une mauvaise interprétation.

Combien de temps ?

On l'a vu, la distance à parcourir détermine le temps consacré à la préparation d'une course de fond. Plus la distance est importante et plus la durée du programme est longue. Cela se comprend aisément. On met plus de temps à préparer un marathon qu'un semi-marathon.

Pour des raisons de rationalité, le programme d'entraînement est conçu et organisé en plusieurs semaines. Cette répartition du temps permet de mieux visualiser l'ensemble du programme d'un seul regard et de mieux intégrer ses différentes phases. Pour les personnes qui débutent dans la discipline :

Le programme d'entraînement du **marathon** comptera *16 semaines* au minimum, PPG incluse.

Le programme d'entraînement du **semi-marathon** comptera *12 semaines* au minimum, PPG incluse.

Le programme d'entraînement des **10 kilomètres** comptera *8 semaines*, PPG incluse.

Ces différents programmes paraissent longs, loin des recommandations dispensées par certains auteurs sur le sujet, mais, à mon avis, réalistes pour courir vite et bien.

NB : Pour les coureurs confirmés, la PPG doit être remplacée par deux semaines d'entraînement supplémentaires.

Comment déterminer la date exacte du premier jour d'entraînement ?

D'une manière fort simple, en comptant à rebours à partir de la date de l'épreuve le nombre de semaines nécessaires à se préparer. Pour un marathon ayant lieu un 1er juillet, le programme commencera 16 semaines plus tôt, soit le 1er janvier. Ces 16 semaines constituent un macrocycle.

Ce macrocycle est divisé en méso-cycles qui eux-mêmes sont divisés en microcycles.

Le **macrocycle** va de 8 à 16 semaines. L'absence de disponibilité conduit parfois à rétrécir sa durée. Dans ce cas, le temps consacré à la préparation est tronqué. Cette incomplétude impose alors une charge de travail supplémentaire compensatoire. Un organisme non rompu à ce supplément d'efforts ne le supportera pas. C'est aussi une des raisons pour laquelle il est déconseillé de s'engager *à la légère* dans l'aventure de la course de fond.

Le **méso-cycle** dure 2 à 4 semaines. Durant cette période le programme d'entraînement reste cohérent. À titre d'exemple, un méso-cycle peut avoir pour objectif la sollicitation des qualités d'endurance élevées (Vo2max) ou celles des qualités d'endurance de base (Volume de remplissage du cœur).

Le premier méso-cycle correspond à la période de préparation physique générale (PPG). C'est la période idéale pour développer les qualités d'endurance de base.

Le méso cycle suivant marque un affermissement de l'intensité du travail et ainsi de suite. Tout cela doit se faire de manière progressive afin de laisser le temps à l'organisme de s'habituer aux changements de régime.

Le dernier méso-cycle est moins long, deux semaines, et marque le début de **l'affûtage.** La quantité de travail baisse considérablement. L'objectif de ce cycle est d'amener le sportif à la pleine possession de ses moyens le jour de la course et d'éloigner ainsi tout risque de contre-performance.

La préparation au marathon comporte une période-charnière dite de *récupération relative*. Elle se situe à la fin de la cinquième semaine. Elle dure 6 jours environ. La charge de travail diminue afin que l'organisme se remette des efforts fournis lors des cinq semaines précédentes. À cette occasion l'organisme se régénère pour mieux appréhender la charge de travail du méso-cycle suivant.

Le microcycle dure une semaine, du dimanche au dimanche suivant. Il est conçu en tenant compte des trois paramètres fondamentaux de la course de fond : Le temps, la vitesse et la distance.

La dominante de chaque séance peut intéresser un de ces trois paramètres. L'absence de l'un d'entre eux rend les progrès imprécis.

Nota bene : il est communément admis que courir chaque semaine une distance équivalente à celle du marathon, soit 42,195 kms, donne l'assurance d'avoir la capacité nécessaire pour le terminer. Rien n'est moins sûr ! Ce repère empirique ne renseigne que sur la distance et ne donne aucune indication sur la vitesse. À 10 kms/h ou à 15 kms/h le temps passé à courir ne sera pas le même.

Combien de fois ?

C'est la question que l'on se pose dès lors que l'on débute dans ce sport. Une, deux, trois, quatre séances par semaine ? Difficile de savoir lorsque l'on ne maîtrise pas toutes les données de l'entraînement.

Une chose est sûre, une sortie par semaine est insuffisante pour mener à bien ce projet. Le jour de la compétition, le manque de foncier (d'endurance) se fera cruellement sentir. Pourquoi ? Parce que à raison d'une seule sortie hebdomadaire, l'espace-temps d'une séance à l'autre (7 jours donc), est trop important pour que le corps garde les acquis de la séance précédente. À chaque sortie, il faut recommencer à zéro. La progression demeure fortement freinée.

Une fois ce principe fixé, cela ne nous en dit pas plus sur le nombre de séances hebdomadaires à tenir. Alors :

- L'engagement au **marathon** nécessite *quatre* séances hebdomadaires minimums lors des 8 dernières semaines du programme d'entraînement.
- L'engagement au **semi-marathon** nécessite *trois* séances hebdomadaires minimums pendant toute la programmation de l'entraînement.
- L'engagement aux **10 kilomètres** nécessite *trois* séances hebdomadaires pendant toute la programmation de l'entraînement.

Principe à retenir :
- -Idéalement les séances seront distantes l'une de l'autre d'une journée

de repos. Quelle que soit la nature de l'empêchement qui vous contraindrait à ne pas respecter ce principe, familial, professionnel, météo, il vous faudra faire en sorte de s'en rapprocher au mieux. Pourquoi ? La journée de repos permet à votre corps de récupérer totalement de l'effort produit la veille. Vous serez ainsi en pleine possession de vos moyens pour la séance du surlendemain. Le respect de ce principe optimise la qualité de la course. À l'inverse, le rapprochement des séances conduit à la fatigue et au surentraînement.

- La durée de chaque séance est fortement liée à la qualité et à la quantité de travail attendues. Le temps passé à courir est plus long au cours du deuxième méso-cycle que pendant la période de préparation générale.
- La durée maximale ne dépassera pas 2 heures pour le marathon, 1 h30 pour le semi-marathon et pour les 10 kilomètres.

À quelle vitesse ?

La vitesse de course varie tout au long du programme d'entraînement. Lors *des premiers pas*, l'important est d'apprendre à courir longtemps et à faible vitesse. C'est fondamental pour bien progresser. Cette aptitude à prolonger l'effort est nommée l'endurance.

Qu'est-ce que l'endurance ?
L'endurance est l'une des six qualités physiques du sportif avec la résistance, la souplesse, la vitesse, la force et la puissance. Délaissons les autres et concentrons-nous sur elle seule. C'est la qualité qui permet de répondre avec satisfaction aux sollicitations musculaires, respiratoires et cardio-vasculaires lors d'une course de fond. Le programme d'entraînement aura pour ambition

de la développer.

Comment développer l'endurance sur le terrain ?

Par la répétition de courses plus ou moins longue, à vitesse modérée. Bien entendu, la vitesse et la durée évolueront dans le temps. Les progrès réalisés permettront à plus ou moins long terme de courir plus longtemps et plus vite. Il vous faudra cependant attendre un peu, après la PPG, le début du premier méso-cycle pour accélérer votre vitesse. Au fil des séances le corps supportera mieux les changements de rythme et les foulées deviendront amples et plus rapides.

Avec quels moyens pratiques ?

La qualité d'endurance se développe chez le coureur de fond par la mise en pratique de séries d'exercices de type continu et fractionné.

L'exercice continu.

L'exercice continu se caractérise par une succession ininterrompue du rythme des foulées. Autrement dit, on court à la même allure sans temps d'arrêt. À titre d'exemple : 6 kilomètres d'une seule traite, à la même foulée.

C'est le type même d'exercice à privilégier lors du premier méso-cycle. La vitesse de course demeure modérée, le souffle peu élevé, la fréquence cardiaque de même. Le but consiste à grossir le myocarde et à rendre disponibles les graisses. En d'autres termes, *on travaille le cœur et on sèche les muscles*.

À retenir : les graisses servent principalement de carburant aux muscles en action dans ce type d'exercice.

L'exercice fractionné

L'exercice fractionné se caractérise par l'alternance d'accélérations et de décélérations. C'est donc un exercice où le rythme des foulées varie… On accélère pendant une durée de temps précise, on décélère ensuite sur la même durée, on accélère de nouveau, on décélère et ainsi de suite. L'effort se situe à la limite de l'essoufflement. Les séries d'exercices fractionnés s'insèrent peu à peu dans le programme d'entraînement. Le but consiste à améliorer le volume de remplissage du cœur, à maintenir une fréquence cardiaque élevée et à mieux supporter les déchets acides produit par les muscles.

À retenir: Dans ce type d'exercice, un mélange fait de sucre et de graisses sert de carburant aux muscles en action.

Quelles en sont les adaptations physiologiques attendues ?

La vitesse de course influence l'organisme du coureur. Séance après séance, son cœur, ses muscles, ses articulations, son corps tout entier s'adapte pour répondre favorablement aux contraintes physiques qui lui sont imposées.

Une transformation du cœur.

Le cœur grossit et bat plus lentement. En effet, l'exercice physique accroît le volume d'éjection systolique (plus communément appelé volume de remplissage) et ralentit la fréquence cardiaque de repos. Cette adaptation se réalise, quel que soit le type d'exercice réalisé (continu ou fractionné), avec une préférence pour l'exercice fractionné.

NB : *Le volume de remplissage du cœur correspond au volume maximal de sang rejeté par le cœur vers les artères lors d'une seule contraction. L'exercice physique régulier augmente ce volume.*

Comment ? Le haut débit sanguin provoqué par l'effort physique favorise la réception d'un volume supplémentaire de sang dans les cavités cardiaques. À chaque dilatation, ce supplément de sang étire plus que d'ordinaire le muscle cardiaque (myocarde). Comme un élastique sur lequel on aurait tiré dessus, le myocarde répond violemment et libère avec plus de puissance le sang vers les vaisseaux. Le débit artériel s'en trouve, de ce fait, apprécié et le sang chargé en éléments essentiels (sucre, oxygène) alimente plus justement les muscles en action. Tout cela améliore la qualité et la poursuite de l'exercice physique. Qui plus est, pour un effort identique, la fréquence cardiaque du sportif sera relativement épargnée. Un cœur gros ne nécessite pas de battre plus vite pour satisfaire cet effort. Imaginez un circuit hydraulique dans lequel on remplacerait une petite pompe par une plus grosse. Face à la même demande, l'activation de la grosse pompe serait moindre que celle de la petite. Pour le cœur, c'est la même chose.

Une transformation musculaire.

Les réserves musculaires et hépatiques de sucre (glycogène) augmentent et améliorent la tolérance aux déchets (acide lactique).

Au cours de la séance d'entraînement, lors des accélérations, les muscles en action majorent leurs rendements. Les cuisses, les mollets, cravachent durs. Cette majoration est possible grâce à l'utilisation du glycogène et de la glycémie (sucre contenu dans le sang). L'un comme l'autre servent de carburant. Les graisses ne sont utilisées que subsidiairement.

Le jour de repos l'organisme va compenser la dépense de glycogène en réapprovisionnant en excès ses réserves. Ce mécanisme se nomme la surcompensation. Cela peut être vu comme une forme de renaissance majorée.

Les déchets acides. Pendant la course, le recours au glycogène et à la glycémie favorise la production d'acide lactique. Ces déchets acides coupent le souffle. Le mécanisme est simple, l'acide libéré dans le sang fuit au cerveau et excite les centres expiratoires. Ces derniers provoquent l'essoufflement et par la même occasion l'arrêt de l'effort.

À terme, les accélérations proches de l'essoufflement vont permettre une meilleure tolérance à l'acide lactique.

Comment ? Pour parer l'excès acide, l'organisme va produire des substances alcalines. Ces dernières vont neutraliser l'acidité du sang. On appelle cette adaptation, la tolérance aux lactates.

En résumé, l'exercice fractionné permet :
- D'augmenter le volume de remplissage du cœur.
- D'accroître les réserves de glycogène.
- D'améliorer la tolérance aux lactates, de repousser le niveau d'essoufflement.

Et, je ne l'ai pas encore développé ici.
- D'améliorer la coordination neuromusculaire.

Exemples de séries d'exercice fractionné.

Plusieurs méthodes existent.

1. L'exercice se réalise sous forme de séries homogènes. Chaque série comporte un exercice ayant le même temps d'accélération suivi du même temps de décélération. À titre d'exemple : une série de 6 accélérations d'une durée de 30 secondes entrecoupée chacune d'une décélération d'une durée de 30 secondes (Temps de travail = Temps de repos). Vous pouvez faire appel au même exercice en modifiant la durée des accélérations. 45 secondes voire une minute.

L'exercice se réalise sous forme de séries hétérogènes ou sous une forme pyramidale. Les séries sont toujours entrecoupées de périodes de décélération d'une durée égale au temps d'accélération, mais le temps d'accélération diffère à chaque fois.

Exemple : 30 secondes accélérées suivies de 30 secondes de repos suivies de 45 secondes accélérées et 45 secondes de décélération, suivies de 1 minute d'accélération et 1 minute de décélération.

1. L'exercice se réalise sous forme libre. Il n'y a pas de série. Les accélérations sont improvisées. Une période de vitesse accélérée succède de manière irrationnelle à une période de vitesse

2. modérée. Bref, on court à une certaine allure, généralement en aisance respiratoire, puis on accélère subitement de manière irrationnelle puis on décélère jusqu'à retrouver l'allure initiale et on
3. recommence quand le besoin se fait sentir.

Quelle que soit la forme utilisée, rationnelle, irrationnelle, libre, l'exercice fractionné doit répondre à certains principes d'application.
- L'addition des temps d'accélération ne doit pas dépasser 3 minutes : 6X30, 4X45, 3x1…
- Le temps de récupération entre les séries est de 3 minutes au minimum pour les meilleurs et peut aller jusqu'à 6 minutes pour les débutants.
- Le temps d'accélération effectif dans une seule séance ne dépasse pas 30 minutes. Cela veut dire que sur une sortie de 90 minutes. Le temps consacré à l'exercice fractionné n'excédera pas 30 minutes.

Selon que l'on prépare une course de longue ou de courte distance la vitesse retenue ne sera pas la même. La vitesse d'accélération est proportionnelle à l'objectif temps déterminé. Plus cet objectif est élevé et plus la vitesse d'accélération est élevée. Si vous ambitionnez de courir votre semi-marathon à une allure de 5,45 minutes le kilomètre, soit 10,45 kms/h vos accélération ne doivent pas dépasser 12 kms/h. Aller plus vite ne sert à rien. Cela vous conduira à l'épuisement trop tôt, allongera le temps de récupération, compromettra la séance d'entraînement suivante. Autrement dit, inutile de *foncer jusqu'à épuisement,* il vaut mieux majorer légèrement la vitesse de course pour être en mesure de la reproduire le plus souvent possible.

Une appréciation de la coordination neuromusculaire.

La coordination musculaire est la connexion reliant le système nerveux et les muscles. Les champions disposent d'une très bonne coordination et arrivent aisément à appréhender toutes les données imposées par leur discipline.

Des capteurs divers renseignent le cerveau sur notre position dans l'espace, du degré de chaleur de l'environnement... La vitesse avec laquelle le cerveau répond à l'information des capteurs conditionne la bonne ou la mauvaise coordination neuromusculaire. Cette relation du corps avec le cortex s'affine progressivement, de l'enfance à l'âge adulte. Pour le jeune conducteur, c'est un peu la même chose. Les premiers coups de volant sont difficiles, la vigilance doit être aiguë, le rétroviseur, le levier de vitesses, tout paraît complexe. Avec la pratique, ce qui semblait irréalisable au départ devient simple. Il en va de même pour l'appareil locomoteur. Le très jeune enfant voit ses premiers pas incertains, le coureur débutant aussi. L'accélération des foulées modifie les repères. La perception de l'environnement n'est pas la même, le moindre obstacle est de nature à briser la course, l'emprunte au sol est plus marquée, les appuis moins solides, la cadence des jambes s'accroît etc. L'exercice fractionné a pour avantage de forcer le processus d'adaptation. La répétition des accélérations permet aux connexions de s'affiner plus vite. Une fois rompu à ce type d'effort, le corps gère parfaitement les changements de repères. Bref, on court mieux.

Foire aux questions.

1. Qu'est-ce que le Vo2 max

Le volume d'oxygène maximal (Vo2 max) s'exprime en ml/kg/min. C'est un paramètre physiologique qui prend en compte, en millilitre, la quantité d'oxygène (O_2) consommée à l'effort par kilo de poids du corps et par minute. ***Ainsi présentée, l'explication reste incompréhensible.***

Plus simplement, le Vo2 max correspond à la quantité maximale d'oxygène qu'est en situation d'apporter l'appareil cardiovasculaire aux muscles pendant l'effort. Le Vo2 max décroît avec l'âge, *la bonne nouvelle,* c'est que l'entraînement régulier à la course de fond contribue à son amélioration à tous les instants de la vie. Le Vo2 max correspond au plafond aérobie. Au-delà, l'organisme ne peut plus répondre correctement à la demande en oxygène et l'effort est dit anaérobie, c'est-à-dire sans oxygène. **Tout cela semble encore compliqué**.

Gardons en mémoire que lors d'une course de fond les muscles ont un besoin accru d'oxygène et de carburant. L'objectif de l'entraînement consiste à mettre à leur disposition un système qui soit en mesure de les approvisionner à la hauteur de leur demande.

À force de courir, on l'a vu, les cavités cardiaques mutent et ressemblent à de *grosses poches* qui ont la faculté de recevoir plus de sang. Ses grosses poches se contractent et transmettent avec force aux muscles sollicités pendant la course le sang chargé en oxygène et en carburant.

Ainsi paré, le cœur n'a pas besoin de s'empresser beaucoup pour répondre à une appréciation de la demande. Pendant la course, il continue à battre lentement. Bien entendu, le mécanisme présente une limite. Le myocarde n'est pas infiniment extensible, passé un certain volume de remplissage, les poches ne peuvent devenir plus grosses qu'elles ne le sont déjà.

Allons plus loin. La fréquence de repos du cœur est faible chez le coureur régulier, (bradycardie.) On l'a vu aussi, une légère augmentation de ses battements permet de pourvoir à ses besoins en oxygène et en carburant. Jusqu'à une certaine intensité de l'effort, le volume de remplissage du cœur reste en adéquation avec la fréquence. Je cours en aisance respiratoire, mon cœur s'active peu, je suis bien. Passé ce niveau, j'accélère mes foulées donc, je commence à être essoufflé. Si la cadence de mes foulées continue de grimper, l'essoufflement progressera et la trop forte accélération de la fréquence cardiaque marquera la fin de l'effort. Pourquoi ? Quand le cœur bat trop vite, le rapprochement de ses contractions empêche ses cavités de se remplir totalement de sang. Le débit sanguin chute, les muscles cessent d'être approvisionnés comme il faut, etc.

À ce stade, le seuil aérobie est dépassé, le Vo2 max de même. Pour que le mécanisme fonctionne au mieux, la cadence des foulées ne doit pas activer la fréquence cardiaque au-delà d'une certaine limite.

2. Peut-on augmenter le Vo2 max

Oui ! Comme je viens de le décrire, l'entraînement régulier accroît le volume des cavités du cœur, fait baisser la fréquence cardiaque et améliore ainsi le Vo2 max. Néanmoins, vous l'avez compris, cette progression reste limitée. Tous les spécialistes considèrent que l'on ne peut accroître le Vo2 max de plus de 20 %.

3. Quel type d'exercice favorise le développement du Vo2max ?

L'exercice aérobie principalement, de façon continue ou de façon fractionnée.

4. La connaissance du Vo2max d'une personne peut-elle préfigurer son niveau de performance ?

Oui, mais dans une certaine mesure. La table d'Hermann détermine en fonction de la valeur du Vo2max la meilleure performance qu'il est possible de réaliser sur une distance précise. À titre d'exemple : avec un Vo2max estimé à 55ml/kg/min le résultat espéré au mieux à l'épreuve du marathon est de 3h44. Cela donne une bonne indication, mais reste insuffisant pour déterminer le résultat escompté, car d'autres paramètres interfèrent dans le processus d'entraînement comme, la blessure corporelle (tendinite, arthrose, élongation)... L'erreur alimentaire, l'absence de récupération, la perte de motivation, l'erreur de planification des séances d'entraînement...

À retenir :

- Le Vo2max décroit avec l'âge.
- L'entraînement l'améliore à tous les âges.
- L'exercice d'endurance permet son accroissement.
- Un Vo2max d'une valeur élevée est un indicateur de bonne condition physique.

5. Qu'est-ce que la VMA ?

La Vitesse Maxima Aérobie concerne l'effort musculaire, s'exprime en kms/h et peut-être augmenté entre 15 et 25 %.

Chez le coureur à pied, la *VMA* correspond sur le plan cardio-vasculaire à 100% du Vo2max. Au-delà, l'effort est dit anaérobie, sans besoin d'oxygène, très intense donc.

La *VMA* est, en quelque sorte, la vitesse à laquelle peut tourner un moteur sans surchauffe. Un peu d'huile, du carburant, de l'eau et il tourne au bon régime. À la vitesse supérieure, l'approvisionnement en eau, carburant, huile sera insuffisante et les déchets issus de la combustion limiteront la durée de son fonctionnement.

6. Est-ce nécessaire de bien connaître sa *VMA* pour la première course ?

Non, pour la première course ! *Rappelez*-vous ? L'important est de franchir la ligne d'arrivée. Beaucoup de coureurs réalisent d'ailleurs de belles performances sans se soucier de leur *VMA*. Séance après séance, ils ajustent leurs foulées afin qu'elles concordent au mieux avec leur souffle et déterminent ainsi leur train de la course.

Oui, pour les champions ! C'est un bon moyen d'appréhender ses limites physiologiques. Le programme d'entraînement est conçu à partir de ces données. Sur le terrain, cela suppose de contrôler, avec un instrument, sa vitesse de course. L'improvisation n'a pas sa place, tout est calculé avec finesse. C'est surtout utile lorsque la performance se joue à la minute. Mais, pour *les premiers pas,* faire confiance à l'écoute de son corps est le meilleur moyen de réussir sa course. *Rappel*le-vous, l'essoufflement est un repère empirique certes, mais fiable pour vous éclairer de ce côté-là.

7. Peut-on accroître la VMA ?

Oui ! La *VMA* s'accroît avec l'entraînement. La progression s'évalue entre 15 et 20 %. Il faut élever la vitesse de course pour arriver à ce résultat. Comment cela se passe-t-il ? Avec l'accélération des foulées, le muscle se gorge d'acide lactique. La présence de ses résidus acides compromet la poursuite de l'effort (tétanisation des muscles sollicités, essoufflement). Mais, avec de la persévérance, le muscle finit par libérer des substances alcalines afin de neutraliser les résidus acides. Quand l'équilibre est trouvé, le *moteur* peut maintenir sa vitesse de rotation à une cadence élevée. Bien entendu, ce processus ne peut se poursuivre que dans la filière aérobie. Il comporte donc des limites.

8. Comment accroître la VMA sur le terrain ?

Avec la mise en œuvre de séries d'exercices fractionnés. On l'a vu, les accélérations successives vont permettre à l'organisme de prolonger son effort à une vitesse élevée.

Repère : La durée d'une série d'exercices fractionnés ne peut être maintenue plus de 6 minutes.

À retenir : avec l'entraînement régulier, la *VMA* croît à tous les âges. Sa limite correspond au seuil anaérobie.

9. Quel test pour calculer sa VMA ?

Le recours à un entraîneur professionnel ou à un médecin du sport est pratique pour connaître avec justesse sa *VMA*. Sans cela, il est envisageable de la

déterminer, avec moins de précision tout de même, soi-même à l'aide d'un test.

Pour *les premiers pas*, le plus simple est de se rendre sur une piste d'athlétisme. Sur place, courir de manière régulière six minutes à la vitesse maximale. Au final, la distance parcourue détermine

la *VMA*. Voyons cela d'un peu plus près. Dans ce test, l'inconnue est la distance. Une fois la distance identifiée tout s'éclaire. Imaginons qu'après 6 minutes, vous ayez parcouru 900 mètres. Pour

connaître votre *VMA*, deux opérations successives sont ensuite nécessaires. La première consiste à diviser le résultat par 100. La deuxième à multiplier le résultat de cette division par 85%.

Exemple :

Distance = 900 mètres.

900 mètres/100 = 9 kms/h.

9 kms/h X 85 % = 7,64 kms/h.

7,64 kms/h = *VMA*.

Ce test doit être réévalué plusieurs fois au cours de la préparation, car la *VMA* progresse avec l'entraînement. A titre d'exemple : la *VMA* de la PPG n'est pas identique à celle de la période d'affûtage.

10. Est-il nécessaire d'assouplir ses muscles ?

Oui ! Pour plusieurs raisons :
- Des muscles souples facilitent l'amplitude de la foulée.
- L'absence d'amplitude de la foulée accélère le souffle.
- La force de contraction croît avec la souplesse.
- La souplesse solidifie le muscle.
- La souplesse protège l'articulation…

11. Quand faut-il s'assouplir ?

Il n'est pas nécessaire de s'assouplir à la fin de la séance d'entraînement. À l'arrêt de l'effort, les muscles pelviens (des membres inférieurs) sont éreintés. Ce n'est pas le moment de leur rajouter une charge de travail supplémentaire. Des mouvements d'assouplissement du dos sont en revanche recommandés. Avant et entre les séances d'entraînement. Avant la séance, il est important d'étirer progressivement les mollets et les cuisses sans forcer. Entre les séances, le fait d'assouplir en douceur l'ensemble des muscles du corps est une bonne chose. Les mouvements brusques et intenses sont à bannir, l'expiration sera profonde.

12. Que penser de la course minimaliste ?

Le choix de la course minimaliste est personnel. Mon avis sur la question demeure relatif. Courir avec des chaussures ne comportant pas de semelle est une option qui convient à beaucoup de coureurs. Leur nombre augmente régulièrement, c'est dire l'importance de ce phénomène. Durera-t-il ? Je ne saurais le dire. Est-ce-la bonne option pour la course de fond ? J'en doute ! Point bénéfique quand même, les chocs ressentis par le Talon d'Achille sont inexistants. En effet, l'absence d'amortie oblige le coureur à courir sur la pointe des pieds. Les chocs enregistrés par les chevilles sont ainsi minorés. Mais cela ne se fait pas sans effort. La zone musculaire supérieure est, de ce fait, plus sollicitée. La contraction permanente des mollets empêche le talon de reposer au sol. Cela peut être notamment une source de crampes ! Qui plus est, la partie

interne du quadriceps (Vaste interne) est constamment contractée. L'effort n'est donc pas réparti équitablement entre toutes les zones. Courir dans ces conditions me semble incompatible avec les

courses de longues distances. Difficulté supplémentaire, l'absence d'amortie

redouble la vigilance. Un clou ou une pierre sur le trajet sont de nature à blesser le pied. Cet effort de concentration
vient s'ajouter à l'effort ordinaire. Mais comme je l'ai déjà dit, mon avis sur la question reste relatif. C'est à vous de voir.

13. Une seule séance par semaine est-ce inutile pour la forme ?

Pour la forme, non ! Pour préparer sérieusement une course de fond oui (voir page 28 & combien de fois ?).

14. Pourquoi attendre la fin de la PPG pour introduire l'exercice fractionné ?

- Parce que l'exercice fractionné est contre-productif lors des tous premiers entraînements. *Rappelez*-vous, c'est votre première course de fond. Vos muscles, votre cœur, vos poumons ne sont pas
- encore rompus à la course à pied. Les maigres réserves de glycogène, l'inexistence des substances alcalines, l'étroitesse du volume de remplissage, la trop haute fréquence du rythme cardiaque
- de repos, l'indisponibilité partielle des alvéoles pulmonaires... Bref, l'adaptation à l'effort reste à faire. C'est ce qui explique, que, dès les premières accélérations, le souffle s'écourte et les jambes
- s'alourdissent. Très vite, la fatigue arrive et, avec elle, la fin de la course.
- Soyez patient. Seule la durée compte à ce stade de la préparation. Courez, et même marchez le plus longtemps possible à votre rythme.

15. Comment trouver mon style ?

- Votre style vous est propre. Ne le changez surtout pas au risque de

tout
- compromettre. Mais, courez le plus machinalement possible en respectant les principes à suivre :
- Veillez à préserver votre corps vertical.
- Ne regardez pas vos pieds.
- Forcez-vous à détendre les muscles non concernés par l'action, les épaules notamment.
- Ne courez pas les bras ballants. Le mouvement alternatif de ceux-ci accompagne les foulées. Il est nécessaire à la performance.
- Pensez plus à expirer qu'à inspirer.

Pour information : Emile Zatopek, l'un des plus grand coureurs de fond de tous les temps, était pourvu d'un style déplorable. Ses bras allaient et venaient de part et d'autre de son corps, sa tête
penchait sur le côté et sa bouche semblait déformée par l'effort. Et pourtant, il a été champion du monde et olympique à plusieurs reprises.

16. Dois-je augmenter, l'amplitude de mes foulées pour aller plus vite ?

Oui, mais cela se fera avec le temps. L'amplitude dépend de la hanche, la raideur à ce niveau est préjudiciable à la course. Lors des premiers pas, les foulées sont courtes, les cuisses s'élèvent peu. L'impression de courir avec les genoux est sensible. Il est important de savoir que l'allongement des foulées active le souffle. Pourquoi ? Des mécanorécepteurs locaux placés sur les muscles renseignent le cerveau de ce fait. En réponse, les centres inspiratoires raccourcissent le souffle pour ralentir la course. Avec le temps le frein va quand même finir par lâcher. La répétition des efforts va engendrer les progrès. Vous aurez alors la sensation que le mouvement des membres inférieurs part non pas des genoux, mais bien des hanches. La foulée et la vitesse n'en seront alors que plus appréciées.

III Exemples de programmes d'entraînement types.

Généralités

Le programme d'entraînement repose sur trois données : La durée, la distance et la vitesse.

<u>La durée</u> intéresse le temps passé à courir mais aussi le temps consacré à la récupération. Exemple : Je cours 30 minutes, je récupère 10 minutes.

<u>La distance</u> intéresse le kilométrage passé à courir. Exemple : 10kms.

<u>La vitesse</u> intéresse l'allure de la course et peut s'exprimer de différentes façons :
- En kilomètres par heure (10 kms/h).
- En minutes au kilomètre (5 mns/km).

Le programme d'entraînement est divisé en semaines.
Chaque semaine comporte plusieurs séances d'entraînement.
Chaque séance est organisée en séries.
Chaque série est divisée en répétitions.
Les séries et les répétitions sont suivies de temps de repos.
Le repos est relatif. C'est-à-dire que la course ralentie mais ne s'arrête pas.
La vitesse intéressant les périodes de repos entre les séries est modérée, bien en deçà du train de la course.

Légende :
- R = repos entre les séries.
- R' = Repos entre les répétitions.

Les séries sont représentées ainsi :
- 6X30 secondes à vitesse accélérée. R' =30 secondes.
- R = 3 minutes.

En d'autres termes, cela voudrait dire que le coureur accélère pendant 30 secondes, puis décélère pendant 30 secondes (R'= 30 secondes), puis accélère 30 secondes et ainsi de suite 6 fois d'affilées (6X30.)

À la fin de la série, il récupère à vitesse modérée pendant 3 minutes (R =3 minutes).

Le programme initial concerne la préparation physique générale (PPG). La PPG dure trois semaines. Elle est commune à tous les types de préparations.

NB : *Rappel*ons que l'ambition de cet ouvrage est de préparer le lecteur à la réussite de sa première course. C'est la raison pour laquelle, l'objectif temps sélectionné, dans les distances retenues, est relativement modeste.

La Préparation Physique Générale (PPG.)

C'est ici que commence le programme d'entraînement. La motivation est là, l'envie de se dépasser forte mais attention ! Les chaussures neuves ne s'apparentent pas aux bottes de sept lieues. Restez humble, sans cela la désillusion sera grande. Une erreur de vitesse, de récupération et le projet peut très rapidement être compromis. Ce serait dommage, car la course de fond est à la portée de tous.

Avant de vous chausser, lisez attentivement ce programme. Sur le terrain, respectez-le. Les exercices qui le composent ont été judicieusement sélectionnés pour éloigner l'idée du renoncement. Qui plus est, leur application ne présente pas de danger particulier. La notion de pénibilité évacuée, les bonnes sensations, viendront vite. Les jambes, le souffle, les foulées, vous paraîtrons légers et la qualité d'endurance s'en trouvera mieux. C'est là toute l'ambition de cette phase.

Vous le savez maintenant, au terme de la PPG, votre cœur sera plus gros et battra plus lentement, la totalité de vos alvéoles pulmonaires sera prête à recevoir le surplus d'oxygène et à le distribuer au sang, votre coordination neuromusculaire affinée, vos muscles maigres et chargés en sucre... Bref, vous disposerez d'une bien meilleure condition physique et vous serez capable de courir...une heure d'affilée !

La PPG dure trois semaines. Dans un premier temps, les séances sont douces. Les foulées se mêlent à la cadence des pas. Une forme d'exercice fractionné à l'envers. On court, on marche, on court de nouveau et ainsi de suite. Très vite, dès la deuxième semaine, le maintien des foulées de manière continue prend le pas pour dominer les séances jusqu'à la fin du programme.

NB : la PPG développée dans cet ouvrage concerne exclusivement les personnes qui se lancent dans l'aventure de la course de fond *pour la première fois.*

Pour les autres, l'impasse de cette période doit être envisagée. Une période de deux semaines d'entraînement supplémentaires remplacera la PPG. Ces deux semaines rallongeront le méso cycle qui fait suite à la PPG dans chaque programme.

PPG.

Durée : 3 semaines.

Rappel : Légende :
R repos entre les séries.
R' =Repos entre les répétitions.

Semaine 1.
Trois séances hebdomadaires :
2 séances d'une durée de 45 minutes.
1 séance d'une durée de 50 minutes.

Première séance (45 minutes.)

3 minutes marchées, vitesse soutenue.
6X 2 minutes, vitesse modérée, (petites foulées.)
R' = 1 minute marchée vitesse accélérée.

R = 3 minutes marchées, vitesse modérée.
2X 6 minutes, vitesse modérée (petites foulées.)
R'= 2 minutes marchées, vitesse accélérée.
R= 1 minute marchée vitesse accélérée.
3 minutes, vitesse modérée, (petites foulées.)
4 minutes marchées, vitesse modérée.

Deuxième séance (50 minutes).

3 minutes marchées, vitesse soutenue.
6X3 minutes, vitesse modérée, (petites foulées.)
R' = 1 minute marchée, vitesse accélérée.
R = 3 minutes marchées, vitesse modérée.
10 minutes course, vitesse modérée (petites foulées.)
R= 3 minutes marchées, vitesse accélérée.
6 minutes, vitesse modérée (petites foulées).
2 minutes marchées, vitesse modérée.

Troisième séance (45 minutes).

2 minutes marchées, vitesse soutenue.
6 minutes, vitesse modérée (petites foulées).
R = 2 minutes marchées, vitesse modérée.
15 minutes, vitesse modérée (petites foulées).
R= 3 minutes marchées, vitesse modérée.
15 minutes, vitesse modérée, (petites foulées).
2 minutes marchées, vitesse modérée.

Semaine 2
Trois séances hebdomadaires :
2 séances d'une durée de 50 minutes.
1 séance d'une durée de 60 minutes.

Première séance (50 minutes).

2 minutes marchées, vitesse soutenue.
2X 6 minutes, vitesse modérée, (petites foulées).
R' = 2 minute marchées, vitesse accélérée.
R = 2 minutes marchées, vitesse modérée.
2X10 minutes, vitesse modérée, (petites foulées.)
R'= 2 minutes marchées, vitesse accélérée.

R= 2 minutes marchées, vitesse modérée.

Deuxième séance (60 minutes).

1 minute marchée, vitesse soutenue.
15 minutes, vitesse modérée, (petites foulées).
R = 3 minutes marchées, vitesse modérée.
20 minutes, vitesse modérée (petites foulées).
R= 3 minutes marchées vitesse accélérée.
15 minutes, vitesse modérée, (petites foulées).
3 minutes marchées, vitesse modérée.

Troisième séance (50 minutes).

1 minute marchée, vitesse soutenue.
3X6 minutes, vitesse modérée, (petites foulées).
R = 2 minutes marchées, vitesse modérée.
20 minutes, vitesse modérée (petites foulées).
R = 2 minutes marchées, vitesse modérée.
15 minutes, vitesse modérée, (petites foulées).
4 minutes marchées, vitesse modérée.

<u>Semaine 3.</u>
Trois séances hebdomadaires :
2 séances d'une durée de 60 minutes.
1 séance d'une durée de 75 minutes.

Première séance (60 minutes.)

6X30 secondes, vitesse légèrement accélérée.
R'= 30 secondes, petites foulées.
R = 2 minutes, petites foulées.
6X30 secondes, vitesse accélérée.
R = 2 minutes, petites foulées
2X20 minutes, vitesse modérée.
4 minutes, vitesse modérée.

Deuxième séance (75 minutes).

15 minutes, vitesse modérée.
R = 3 minutes, toutes petites foulées.

15 minutes, vitesse modérée.
R= 3 minutes toutes petites foulées.
15 minutes, vitesse modérée.
R = 3 minutes, toutes petites foulées.
15 minutes, vitesse modérée.
6 minutes, toutes petites foulées.

Troisième séance (60 minutes).

4X45 secondes, vitesse accélérée.
R' = 45 secondes, petites foulées.
R = 3 minutes, petites foulées.
3X1 minute, vitesse accélérée.
R'= 1 minutes, petites foulées.
R = 3 minutes, petites foulées.
30 minutes, vitesse modérée.
R = 3 minutes, toutes petites foulées.
10 minutes, vitesse modérée.
2 minutes marchées.

10 kms (autour des 60 minutes).

Durée : 8 semaines.

Vitesse au km (train de la course) : 6 minutes
Vitesse en kilomètre/heure : 10 kms/h.)
Exercice fractionné : En fonction de la forme physique du moment, la vitesse est bien plus rapide que le train de la course. 20 % supérieurs au plus (12 kms/h.)
Trois sorties hebdomadaires :
2 séances courtes d'une durée de 60 minutes.
1 séance longue d'une durée de 90 minutes.

Semaine 1, 2, 3 et 4 PPG. (Voir page 46.)

Semaine 4, 5 et 6.
Ces trois semaines comptent deux types de sortie : longue et courte.

Séance longue (90 minutes environ).

20 minutes, vitesse modérée.
10 minutes, vitesse légèrement plus rapide. 7 mns/km.
10 minutes vitesse modérée.
3 minutes, vitesse 20 % supérieurs du train de la course.
10 minutes vitesse modérée.
6 x15 secondes, vitesse explosive. R'= 20 secondes.
R= 6 minutes.
3X1 minutes 20% supérieurs du train de la course. R'=1 minute.
18 minutes, vitesse modérée.
5 minutes marchées.

Séances courtes (60 minutes environ.)

Première séance :

25 minutes vitesse progressive jusqu'à atteindre dans la dernière minute la vitesse correspondant au train de la course (6mns/km.)
6x30 secondes, vitesse accélérée (20% supérieurs du train de la course). R'=3 secondes.
R= 3 minutes.
3X 1minute vitesse accélérée. R' : 45 secondes.
R=3 minutes
R= 20 minutes.

Deuxième séance :

20 minutes vitesse modérée.
2x3 minutes, vitesse au train de la course. R'= 2minutes
R= 2 minutes.
3X2 minutes vitesse train de la course. R'= 2 minutes actives.
R= 3 minutes.
6 minutes vitesse au train de la course.
R = 10 minutes dégressives.
3 minutes marchées.

Semaines 7 et 8 (Affûtage).

Un cours de ces deux semaines le volume, l'intensité et le nombre des séances, va diminuer. Au bout du compte, la fatigue disparaîtra, et laissera place à un niveau de forme optimal. Les bonnes sensations qui s'ensuivront seront de bon augure pour le mental.

Première semaine.
Cette semaine compte trois séances de courte durée.

Première séance (60 minutes).

20 minutes, vitesse modérée.
20 minutes, train de la course.
20 minutes, vitesse modérée.

Deuxième séance (75 minutes).

20 minutes, vitesse modérée.
3X3 minutes au train de la course.
R'= 3 minutes.
R = 6 minutes.
10 minutes au train de la course.
R = 6-minutes.
6x30 secondes, vitesse accélérée, légèrement supérieure au train de la course.
R' = 30 secondes.
R = 15 minutes.

Troisième séance (60 minutes).

20 minutes vitesse modérée.
25 minutes au train de la course.
15 minutes vitesse modérée.

Deuxième semaine.
C'est la dernière semaine ! L'intensité et la durée des séances chutent fortement. Les séances ne comportent pas de série d'exercice fractionné.

Première séance.

15 minutes, vitesse modérée.
10 minutes au train de la course.
20 minutes, vitesse modérée.

Deuxième séance.

30 minutes vitesse modérée.

10 kms (Autour des 50 minutes).

Durée : 8 semaines.

Vitesse au km (train de la course) : 5 minutes
Vitesse en kilomètre/heure : 11 kms/h.
Exercice fractionné : En fonction de la forme physique du moment, la vitesse est bien plus rapide que le train de la course. 20 % au-dessus maxi (13 kms/h.)

Trois sorties hebdomadaires :
2 séances courtes d'une durée de 60 minutes.
1 séance longue d'une durée de 90 minutes.

Rappel : Légende :
R = repos entre les séries.
R'= Repos entre les répétitions.

Semaine 1, 2 et 3 PPG (Voir p 46).

Semaines 4, 5 et 6.

Ces trois semaines comptent deux types de séance : longue et courte.

Séance longue (90 minutes environ).

20 minutes, vitesse modérée.
10 minutes, vitesse légèrement plus rapide. 7 mns/km.
10 minutes vitesse modérée.
3 minutes, vitesse 20 % au-dessus du train de la course.
10 minutes vitesse modérée.
6 x15 secondes vitesses explosives. R'= 20 secondes.
R = 6mns.
3X1 minutes 20% au dessus du train de la course. R'=1 minute.
 18 minutes vitesse modérée.
5 minutes marchées.

Séances courtes (60 minutes environ).

Première séance :

25 minutes vitesse progressive jusqu'à atteindre dans la dernière minute la vitesse correspondant au train de la course (6mns/km.)

6x30 secondes, vitesse accélérée (20 % supérieurs au train de la course). R'= 3 secondes.

R= 3 minutes.

3X1 minute vitesse accélérée. R' : 45 secondes.

R=3 minutes

4x45 secondes vitesse accélérées R' : 30 secondes

R= 20 minutes.

5 minutes marchées.

Deuxième séance :

20 minutes vitesse modérée.

2x3 minutes, vitesse : train de la course. R'= 2mns

R= 2 minutes.

3X2 minutes, vitesse : train de la course. R'=2 minutes actives.

R= 3 minutes.

6 minutes, vitesse : train de la course.

R= 10 minutes dégressives.

3 minutes marchées.

Semaine 8 (Affûtage).

Un cours de ces deux, saines le volume, l'intensité et le nombre des séances va diminuer. Au bout du compte, la fatigue disparaîtra, et laissera place à un niveau de forme optimal. Les bonnes sensations qui s'ensuivront seront de bon augure pour le mental.

Semaine 1 (**Quatorze jours avant**).

Cette semaine compte trois séances de courte durée.

Première séance (60 minutes).

20 minutes, vitesse modérée.

20 minutes, train de la course.

20 minutes, vitesse modérée.

Deuxième séance (75 minutes).

20 minutes, vitesse modérée.

3X3 minutes, train de la course.

R'= 3 minutes.

R = 6 minutes.

10 minutes, train de la course.
R = 6-minutes.
6x30 secondes, vitesse accélérée, légèrement supérieure du train de la course.
R' = 30 secondes.
R = 15 minutes.

Troisième séance (60 minutes).

20 minutes, vitesse modérée.
25 minutes, train de la course.
15 minutes vitesse modérée.

Semaine 2 (**7 jours avant).**
C'est la dernière semaine ! Deux séances suffisent pour maintenir les sensations de course. Si la course est prévue le dimanche, la dernière séance lieu généralement le jeudi. L'intensité et la durée des séances chutent fortement et ne comportent pas de série d'exercice fractionné.

Première séance.

15 minutes vitesse modérée.
10 minutes, train de la course.
20 minutes vitesse modérée.

Deuxième séance.

30 minutes vitesse modérée.

Semi-marathon (autour des 2 heures et 30 minutes).

Durée : 12 semaines.

Vitesse au km : 7 minutes et 30 secondes.
Vitesse en kilomètre/heure : environ 8 kms/h.
Train de la course : 8 kms/h ou 7,30 mns au kilomètre.
Exercice fractionné : En fonction de la forme physique du moment, la vitesse est bien plus rapide que le train de la course. 20 % au-dessus maxi (9,5 kms/h.)

Semaines 1, 2 et 3 PPG (Voir page 49).

Semaines 4, 5 et 6.

Les semaines 4, 5 et 6 comptent deux types de sorties : une longue et deux courtes.

Légende :
R Repos entre les séries.
R' Repos entre les répétitions

Séance longue (90 minutes).
Les séries d'exercices proposés se rapprochent plus de l'exercice continu que de l'exercice fractionné.

30 minutes, vitesse modérée.
10 minutes, train de la course (8 km/h.)
20 minutes, vitesse modérée.
10 minutes, train de la course.
30 minutes, vitesse modérée

Séances courtes.
Les séries d'exercices fractionnés dominent les deux types de séances.

1ère séance (60 minutes).
Les séries d'exercices fractionnés de courte durée dominent cette séance.
Le choix des séries se fera selon la forme du moment **6x30/4x45/3x1...**

20 minutes vitesse modérée.
3 minutes fractionnées.
R= 3 minutes.
3 minutes, factionnés.
R= 3 minutes.
3 minutes fractionnées
R= 20 minutes, vitesse modérée.
5 minutes marchées.

2ème Séance. (60 minutes).
Les séries d'exercices fractionnés de longue durée dominent la séance.

20 minutes vitesse modérée.
2x3 minutes, train de la course. R' = 2mns.
R= 5 minutes.
3X2 minutes train de la course. R'=2 minutes.
R= 15 minutes vitesse modérée.

Semaine 7 (transition).
C'est une semaine un peu particulière, le volume de travail diminue dans sa totalité, le temps est consacré à la récupération. C'est une phase déterminante beaucoup de coureurs a du mal à concevoir cette idée. À

leur avis, le temps consacré à la récupération s'apparente à du temps perdu. C'est une erreur de croire cela. Au contraire, c'est du temps gagné. La fatigue enregistrée jusqu'ici va disparaître et laisser place à un regain de forme. À l'issue de la semaine, vous vous sentirez capable de recommencer à courir de plus belle.

La semaine de transition comporte deux séances.

Première séance (50 minutes).

20 minutes, vitesse modérée.
10 minutes, train de la course.
R = 6 minutes.
6 X30 secondes, train de la course
R' = 30 secondes.
R = 9 minutes.

Deuxième séance (1 heure).

20 minutes, vitesse modérée.
20 minutes, train de la course.
20 minutes, vitesse modérée.

Semaines 8, 9 et 10.

Les semaines comptent trois séances, deux courtes, une longue.

Séances courtes.

1ère séance (environ 60 minutes).

15 minutes, vitesse modérée.
4x45 secondes, vitesse accélérée.
R' = 45 secondes.
R = 3 minutes.
3x1 minute.
R' = 1 minute.
R = 3 minutes.
6 minutes, train de la course.
R = 3 minutes.
3X30 secondes vitesse accélérée (20 % supérieurs au train de la course).
R' = 30 secondes.
R = 5 minutes.

2ème séance (environ 60 minutes).

20 minutes, vitesse modérée.
2x 6 minutes, train de la course.
R' = 3 minutes.
R= 6 minutes.
3x2 minutes, train de la course.
R' 2 minutes.
R = 9 minutes.

Séance longue (Test endurance, de 75 à 90 minutes).

Première semaine (75 minutes).

9 minutes, vitesse modérée.
9 minutes, train de la course.
9 minutes, vitesse modérée.
9 minutes, train de la course.
9 minutes, train de la course.
9 minutes, vitesse modérée.
9 minutes, train de la course.
12 minutes vitesse modérée.

Deuxième semaine.

20 minutes vitesse modérée.
45 minutes vitesse, train de la course.
20 minutes, vitesse modérée (85 minutes).

Troisième semaine (75 minutes)

9 minutes vitesse modérée.
6 minutes accélérées (20 % supérieurs au train de la course).
20 minutes, vitesse modérée.
6 minutes vitesse accélérée (20% supérieure au train de la course).
20 minutes, vitesse modérée.
9 minutes, train de la course.
15 minutes vitesse modérée.

Semaines 11 et 12 (affûtage).

Un cours de ces deux, saines le volume, l'intensité et le nombre des séances, va diminuer. Au bout du compte, la fatigue disparaîtra, et laissera place à un niveau de forme optimal. Les bonnes sensations qui s'ensuivront amélioreront le mental.

Semaine 1.

Cette semaine compte trois séances de courte durée.

Première séance (60 minutes).

20 minutes, vitesse modérée.
20 minutes, train de la course.
20 minutes, vitesse modérée.

Deuxième séance (75 minutes).

20 minutes, vitesse modérée.
3X3 minutes, train de la course.
R'= 3 minutes.
R = 6 minutes.
10 minutes, train de la course.
R = 6 minutes.
6x30 secondes, vitesse accélérée, légèrement supérieure au train de la course.
R'= 30 secondes.
R = 15 minutes.

Troisième séance (60 minutes).

20 minutes, vitesse modérée.
25 minutes, train de la course.
15 minutes vitesse modérée.

Semaine 2.

C'est la dernière semaine ! L'intensité et la durée des séances chutent fortement. Les séances ne comportent pas de série d'exercice fractionné.

Première séance.

15 minutes, vitesse modérée.
10 minutes, train de la course.
20 minutes vitesse modérée.

Deuxième séance.

30 minutes vitesse modérée.

Semi-marathon (Autour des 2 heures).

Durée : 12 semaines.
Temps au kms : 5,42 ns/km environs.
Train de la course : 10,52 kms/h environs.

Semaine 1, 2 et 3 PPG (Voir page 46).

Semaines 4, 5 et 6.

Trois séances hebdomadaires. Exemple : mardi 1h, jeudi 1h, samedi ou dimanche 1h30.

Exercices fractionnés : En fonction de la forme physique du moment, la vitesse peut être supérieure de 20% au train de la course, soit à peu près 12,2 kms/h.

Séance longue (90 minutes).

20 minutes, vitesse modérée.
20 minutes, train de la course.
20 minutes, vitesse modérée.
10 minutes, train de la course
20 minutes, vitesse modérée.

Séances courtes (60 minutes).

Première séance : exercices fractionnés au choix. 6x30/4x45/3x1…

20 minutes, vitesse modérée.
3 minutes, fractionnées.
R= 3 minutes.
3 minutes factionnées.
R= 3 minutes.
3 minutes fractionnées.
R= 20 mns, vitesse modérée.
5 minutes marchées.

Deuxième séance : exercices fractionnés longs.

20 minutes, vitesse modérée.

2 x3 minutes, train de la course.

R'= 2 minutes.

R= 2 minutes.

3 X2 minutes, train de la course.

R'= 2 minutes.

R= 5 minutes.

6 minutes, train de la course.

R= 10 minutes.

Semaine 7 (transition.)

C'est une semaine un peu particulière, le volume de travail diminue dans sa totalité, le temps est consacré à la récupération. C'est une phase déterminante du programme d'entraînement. Beaucoup de coureurs ont du mal à concevoir cette idée. Pour eux, le temps consacré à la récupération s'apparente à du temps perdu. C'est une erreur de croire cela. Au contraire, c'est du temps gagné. La fatigue enregistrée jusqu'ici va disparaître et laisser place à un regain de forme. À l'issue de la semaine, vous vous sentirez capable de recommencer à courir de plus belle.

La semaine de transition comporte deux séances

Première séance (50 minutes).

20 minutes vitesse modérée.

10 minutes, train de la course.

R = 6 minutes.

6X 30 secondes, train de la course

R'= 30 secondes.

R = 9 minutes.

Deuxième séance (1 heure).

20 minutes, vitesse modérée.

20 minutes, train de la course.

20 minutes, vitesse modérée.

Semaines 8, 9 et 10.

Trois séances hebdomadaires : une séance longue, deux séances courtes.

Exemple : Mardi 1h, jeudi 1h, samedi ou dimanche 1h30.

Exercices fractionnés : En fonction de la forme physique du moment, la vitesse peut être supérieure de 20 % au train de la course, soit à peu près 12,20 kms/h.

Séances courtes (environ 60 minutes).

Première séance.

15 minutes vitesse modérée.
3X1 minute. Vitesse, train de la course.
R' = 1 minute.
R = 3 minutes.
4X45 secondes. Vitesse : 20 % supérieurs au train de la course.

R'= 45 secondes.
R = 6 minutes.
6 X30 secondes. Vitesse 20% supérieurs au train de la course.
R'= 30 secondes.
R = 3 minutes.
3 minutes, train de la course.
15 minutes, vitesse modérée.

Deuxième séance.

20 minutes, vitesse modérée.
6X30 secondes, vitesse, 20% supérieurs au train de la course.
R'= 30 secondes.
R = 3 minutes.
4x45 minutes, vitesse 20 % supérieurs au train de la course.
R' = 45 secondes.
R = 6 minutes.
3 X1 minute, vitesse, train de la course.
R' = 1 minute.
R = 15 minutes.

Séance longue (90 minutes).
Semaine 8.

15 minutes, vitesse modérée.
20 minutes, train de la course.
20 minutes, vitesse modérée.
20 minutes, train de la course.
15 minutes, vitesse modérée.

Semaine 9.

15 minutes, vitesse modérée.
10 kms, train de la course (57 minutes environ).
15 minutes, vitesse modérée.

Semaine 10.

20 minutes, vitesse modérée.
15 minutes, train de la course.
20 minutes, vitesse modérée.
15 minutes, train de la course.
20 minutes, vitesse modérée.

Semaines 11 et 12 (Affûtage).

Au cours de ces deux semaines le volume, l'intensité et le nombre des séances va diminuer. Au bout du compte, la fatigue disparaîtra, et laissera place à un niveau de forme optimal.

Semaine 1.
Cette semaine compte trois séances de courte durée.

Première séance (60 minutes).

20 minutes, vitesse modérée.
20 minutes, train de la course.
20 minutes vitesse modérée.

Deuxième séance (75 minutes).

20 minutes, vitesse modérée.
3X3 minutes, train de la course.
R'= 3 minutes.
R = 6 minutes.
10 minutes, train de la course.
R = 6-minutes.
6x30 secondes, vitesse accélérée, légèrement supérieure du train de la course.
R'= 30 secondes.
R = 15 minutes.

Troisième séance (60 minutes).

20 minutes, vitesse modérée.

25 minutes, train de la course.
15 minutes vitesse modérée.

Semaine 2.
C'est la dernière semaine ! L'intensité et la durée des séances chutent fortement. Les séances ne comportent pas de série d'exercice fractionné.

Première séance.

15 minutes, vitesse modérée.
10 minutes, train de la course.
20 minutes, vitesse modérée.

Deuxième séance.

30 minutes vitesse modérée.

Marathon (autour des 4h30).

Durée : 12 semaines.
Train de la course au kilomètre : 6,25 mns/km.
Train de la course en kms/h : 9,3 kms/h.
Exercices Fractionnés : En fonction de la forme physique, toujours plus rapide que le train de la course. 20 % % au dessus maxi, soit : 7,24 mns/km ou 10,50 kms/h.

Semaine 1, 2 et 3 : PPG (Voir page 46.)

Semaines 4, 5 et 6.
Quatre séances hebdomadaires.
Exemple :
1 : Dimanche 1h30.
2 : Mardi 1h.
3 : Mercredi 1h30.
4 : Vendredi 1h.

Séance longue (1h30) :

20 minutes, vitesse modérée.
20 minutes, train de la course.

R= 20 minutes.
10 minutes, train de la course
R= 20 minutes tranquilles

Séances courtes :

Première séance : (60 minutes) Exercices fractionnés au choix : 6x30/4x45/3x1...

20 minutes vitesse modérée.
3 minutes, exercices fractionnés
R= 3 minutes.
3 minutes, exercices fractionnés.
R= 3 minutes.
3 mns exercices fractionnés
R = 20 minutes
5 minutes marchées.

Deuxième séance : (60 minutes) Exercices fractionnés longs.

20 minutes, vitesse modérée.
2x3 minutes, train de la course.
R'= 2 minutes.
R= 2 minutes.
3 minutes, train de la course
R = 6 minutes.
3X2 minutes, train de la course.
15 minutes.

Semaine 6.

La semaine de transition comporte deux séances

Première séance (50 minutes).

20 minutes, vitesse modérée.
10 minutes, train de la course.
R = 6 minutes.
6 X30 secondes, train de la course
R' = 30 secondes.
R = 9 minutes.

Deuxième séance (1 heure).

20 minutes, vitesse modérée.
20 minutes, train de la course.
20 minutes, vitesse modérée.

Semaines 8, 9 et 10.

Trois séances hebdomadaires.
Deux séances courtes. Une séance longue.
Mardi : 60 minutes.
Jeudi : 70 minutes.
Dimanche : Test endurance.

Rappel :
Train de la course au kilomètre : 6,25 mns/km.
Train de la course en kms/h: 9,3 kms/h.
Exercices Fractionnés : En fonction de la forme physique, vitesse toujours plus rapide que le train de la course. 20% au dessus maxi, soit : 7,24 mns/km ou 10,50 kms/h.

Séances courtes (mardi/jeudi) :

Première séance (60 minutes) :

18 minutes, vitesse modérée.
2x6 minutes, Train de la course.
R'= 3 minutes.
R 6 minutes.
9 minutes, train de la course.
R 15 minutes.

Deuxième séance (70 minutes):

20 minutes, vitesse modérée.
6X 2 minutes, train de la course.
R' = 2 minutes.
R'= 6 minutes.
3X2 minutes, train de la course.
R= 2 minutes.
15 minutes, vitesse modérée.

Séances longues.

Semaine 8 : 15 kms (Train de la course = 1 h33).
Semaine 9 : 20 kms, vitesse modérée.
Semaine 10 : 25 kms (Train de la course = 2 h31).

Semaines 11 et 12 (Affûtage).
Un cours de ces deux semaines le volume, l'intensité et le nombre des séances, va diminuer. Au bout du compte, la fatigue disparaîtra, et laissera place à un niveau de forme optimal. Les bonnes sensations qui s'ensuivront seront de bon augure pour le mental.

Semaine A.
Cette semaine compte trois séances de courte durée.

Première séance (60 minutes).

20 minutes, vitesse modérée.
20 minutes, train de la course.
20 minutes vitesse modérée.

Deuxième séance (75 minutes).

20 minutes, vitesse modérée.
3X3 minutes, train de la course.
R'= 3 minutes.
R = 6 minutes.
10 minutes, train de la course.
R = 6 minutes.
6x30 secondes, vitesse accélérée, légèrement supérieure du train de la course.
R' = 30 secondes.
R = 15 minutes.

Troisième séance (60 minutes).

20 minutes, vitesse modérée.
25 minutes, train de la course.
15 minutes vitesse modérée.

Semaine B.
C'est la dernière semaine ! L'intensité et la durée des séances chutent fortement. Les séances ne comportent pas de série d'exercice fractionné.

Première séance.

15 minutes, vitesse modérée.
10 minutes, train de la course.
20 minutes, vitesse modérée.

Deuxième séance.

30 minutes vitesse modérée.

Marathon (autour des 4h).

Attention ! 4 heures est un objectif temps appréciable mais peu accessible pour un premier marathon. Une fourchette large en terme d'objectif temps sera préférable afin d'éloigner l'idée d'une contre performance.

Durée : 12 semaines.

Train de la course au kilomètre : 5,41 mn/km.
Train de la course en kms/h : 10,54 kms/h.
Exercices Fractionnés : En fonction de la forme physique, toujours plus rapide que le train de la course. 20% au des us maxi, soit : 4,55 mn/km ou 12,30 kms/h.

Légende : R' = récupération entre les répétitions.
R, = récupération entre les séries.

Semaines 1, 2 et 3 : (Voir page 46).

Semaines 4 et 5.
Les semaines comptent 3 séances chacune.

Première séance (71minutes).

15 minutes, vitesse modérée.
3 x3 minutes, vitesse : train de la course. R'= 1minute.
R = 3 minutes.
2 x6 minutes, vitesse : train de la course. R' = 2 minutes.
R = 3 minutes
9 minutes vitesse : train de la course.

15 minutes récupération.

Deuxième séance (71 minutes).

15 minutes, vitesse modérée.
4X45 minutes, vitesse, train de la course. R' = 45 secondes.
R = 2 minutes
3X1 minute, vitesse 20 % supérieurs au train de la course. R=1'
18 minutes.

Troisième séance.
L'exercice continu est prépondérant. La vitesse et la distance varient selon les séances.

Première semaine : 15 kms, vitesse : 15 % inférieurs au train de la course.
Deuxième semaine : 10 kms, train de la course (56 à 57 minutes).

Semaine 6 (Transition.)
La semaine de transition compte deux séances

Première séance (50 minutes).
20 minutes, vitesse modérée.
10 minutes, train de la course.
R = 6 minutes.
6 X30 secondes, train de la course
R' = 30 secondes.
R = 9 minutes.

Deuxième séance (1 heure).

20 minutes, vitesse modérée.
20 minutes, train de la course.
20 minutes, vitesse modérée.

Semaines 7, 8, 9,et 10.
Les semaines comptent deux séances courtes et une séance longue.

Première séance (75 minutes).

15 minutes, vitesse modérée.
5X 3 minutes, vitesse accélérée, 20 % supérieurs au train de la course. R' =minute.
R = 6 minutes.

3 X5 minutes, vitesse, train de la course.
R = 3 minutes
6X30 secondes, vitesse accélérée, 20% supérieure au train de la course.
15 minutes, vitesse modérée.

Deuxième séance (80 minutes).

12 minutes, vitesse modérée.
2 X9 minutes, train de la course.
R = 3 minutes.
15 minutes, train de la course.
R = 3 minutes.
3 X3 minutes, vitesse 20 % supérieure au train de la course.
20 minutes vitesse modérée.

Troisième séance (60 minutes).

12 minutes vitesse modérée.
5X6 minutes, train de la course. R'= 2 minutes
R = 5 minutes.
8 minutes, train de la course.
5 minutes vitesse modérée.

Quatrième séance (tests d'endurance).
L'exercice continu domine la séance. La vitesse et la distance varient selon les semaines.

Septième semaine : 6 kms vitesse modérée, 4 kms, train de la course, 2 kms, vitesse modérée.
Huitième semaine : 15 kms, vitesse légèrement inférieure au train de la course (10 %).
Neuvième semaine : 4 kms, vitesse modérée, 10 kms train de la course, 4 kms vitesse modérée.
Dixième semaine : 20 kms. 6 kms, vitesse modérée ; 16 kms train de la course ; 4 kms, vitesse modérée.

Semaines 11 et 12 (Affûtage).

Un cours de ces deux semaines le volume, l'intensité et le nombre des séances, va diminuer. Au bout du compte, la fatigue disparaîtra, et laissera place à un niveau de forme optimal. Les bonnes sensations qui s'ensuivront seront favorable au mental.

Semaine 1.
Cette semaine compte trois séances de courte durée.

Première séance (60 minutes).

20 minutes, vitesse modérée.
20 minutes, train de la course.
20 minutes vitesse modérée.

Deuxième séance (75 minutes).

20 minutes, vitesse modérée.
3 X3 minutes, train de la course.
R'= 3 minutes.
R = 6 minutes.
10 minutes, train de la course.
R = 6 minutes.
6x30 secondes, vitesse accélérée, légèrement supérieure au train de la course.
R'= 30 secondes.
R = 15 minutes.

Troisième séance (60 minutes).

20 minutes, vitesse modérée.
25 minutes, train de la course.
15 minutes, vitesse modérée.

Semaine 2.
C'est la dernière semaine ! L'intensité et la durée des séances chutent fortement. Les séances ne comportent pas de série d'exercice fractionné.

Première séance.

15 minutes, vitesse modérée.
10 minutes, train de la course.

20 minutes, vitesse modérée.

Deuxième séance.
30 minutes vitesse modérée

III. Bien s'alimenter pour réussir sa course.

L'alimentation apporte les éléments nécessaires à l'organisme pour son bon fonctionnement. À l'effort cette réalité se renforce dans la mesure où la dépense calorique est majorée. Foulée après foulée, les réserves de sucres, de vitamines, de sels minéraux et d'eau s'effondrent vite. Une stratégie alimentaire s'impose pour ralentir et minorer ces pertes. C'est l'objet de ce chapitre. L'idée est d'apprendre à bien se nourrir pour optimiser la performance.

Les notions essentielles à retenir.

<u>Les glucides (sucres).</u>

Les glucides autrement appelés sucres peuvent être considérés comme le carburant nécessaire au corps pour fonctionner. Sans sucre tout s'arrête.
Ils sont répartis en deux catégories : les sucres lents et les sucres rapides.
Au repos, le moteur tourne à bas régime, l'organisme puise essentiellement dans le sang le sucre (carburant) qu'il utilise pour assurer son fonctionnement.
Par prudence, il en stocke une partie dans les muscles et dans le foie afin de parer à une éventuelle demande plus forte (c'est le cas pendant la course de fond). Ces stocks de sucres, appelées glycogène, restent limitées.
Quand la glycémie et le glycogène s'effondrent, l'organisme n'a pas d'autre choix, s'il souhaite continuer à fonctionner, que celui de dégrader le muscle pour en faire du sucre (métabolisme protidique). C'est la situation à éviter. Le sucre produit par ce métabolisme est un mauvais carburant et sa combustion génère des déchets acides qui freinent le rendement musculaire. En d'autres termes, il ne faut jamais être à court de sucre.

Le glycogène.

Le glycogène correspond aux réserves de sucres musculaires et hépatiques. L'entraînement régulier associé à une alimentation riche en sucres lents majore ces réserves. C'est la raison pour laquelle, le coureur aguerri dispose d'un stock de glycogène plus important que celui du débutant. D'où l'explication, entre autres, de sa meilleure performance sportive.

L'index glycémique.

A savoir : le sucre ingéré suit un circuit balisé. De la bouche, il passe dans l'œsophage puis dans l'estomac et finit son chemin dans le duodénum (lieu qui précède l'intestin grêle). Ici, tout se joue. Les sucres rapides passent directement dans le sang. Les sucres lents doivent être encore dégradés par l'intestin grêle pour le faire.

L'index glycémique sert à classer les sucres en fonction de leur vitesse de passage dans le sang. L'indice 100 % représente la vitesse la plus rapide. Les aliments se rapprochant de cet indice sont composés essentiellement de sucres rapides. Le miel, le saccharose, la confiture, le chocolat en font notamment partie. À l'opposer, un aliment présentant un indice faible, inférieur à 50 %, est un aliment dont la vitesse de passage est plus lente. Les légumineuses, les céréales, les pâtes, les riz complets font partie de cette catégorie d'aliments. La vitesse de passage du sucre vers le sang a une incidence sur le taux de sucre sanguin (glycémie). Un aliment présentant un indice élevé augmente vite la glycémie. Un aliment à indice faible non.

La Glycémie

Vous l'avez saisi maintenant, la glycémie est le taux de sucre sanguin. Ce taux est relativement constant (1g/litre.) Sa variation doit être infime et éphémère (inférieur à 1 mg/litre). Sans cela la menace de maladie survient.

- La baisse de la glycémie, appelée hypoglycémie, affaiblit le rendement de l'organisme.

- La hausse de la glycémie, appelée hyperglycémie, est néfaste à la santé dans la durée.

- L'apport alimentaire de sucre joue un rôle fondamental dans la régulation de la glycémie. Un apport judicieux à base de sucres lents éloigne l'apparition de l'hypoglycémie et la mise en œuvre du métabolisme protidique.

Arrêtons-nous un instant pour bien comprendre comment cela se déroule concrètement. Pendant la course de fond, l'organisme utilise beaucoup de carburant. Et, on l'a vu, les réserves
musculaires et hépatiques sont limitées. C'est la raison pour laquelle l'organisme utilise de préférence le sucre sanguin pour fonctionner. Mais l'astuce à ses limites. Sans apport de sucre extérieur,
l'obligation de puiser dans les réserves s'impose. C'est ici que l'alimentation joue son rôle majeur. L'apport de sucre au moment opportun va retarder la mise en œuvre du métabolisme protidique
et éviter l'épuisement des sucres de réserves. Autrement dit, le processus à suivre consiste à majorer les réserves de sucre avant la course et de compenser les pertes pendant et après la course.

<u>Avant la course.</u> Les sucres à indice glycémique faible forment la base de

l'alimentation. Ils concourent à accroître les stocks de glycogène.

<u>Pendant la course.</u> Les sucres rapides voire semi rapides (fruits secs) forment la base de l'alimentation. Leur apport compense sur le moment la dépense de sucre et entretient la glycémie constante.

<u>Après la course.</u> Juste après, les sucres rapides (aliments sans graisses) restaurent les réserves et entretiennent le taux de sucre sanguin. Plus tard, les sucres complexes constituent de nouveau la base de l'alimentation. Leur apport compense toutes les pertes.

Les règles alimentaires à suivre au jour le jour.

Ces règles rendent plus simple l'approche de la nutrition, favorisent la perte de poids et entretiennent la forme.

<u>Prenez trois repas par jour.</u>
Cette règle n'est toujours pas appliquée comme il se doit. Le concept des trois repas a pour objet de rationaliser la prise d'aliments. En fait, c'est la façon la plus élémentaire pour réguler les quantités absorbées. Donc, pour respecter au mieux ce principe, vous devez vous alimenter le matin, à la mi-journée et le soir.

<u>Evitez de vous alimenter en dehors des repas.</u>
Ce principe découle du précédent. Pas de grignotage !!! Attention au sucre dans le café, les boissons sucrées, etc.

<u>Entre les repas, en cas de fringale, mangez essentiellement un fruit.</u>
Il arrive que l'heure à laquelle on termine le déjeuner soit trop éloignée de

celle du dîner. A titre d'exemple : le déjeuner à lieu à midi, le dîner à 21heures. Une collation à base essentiellement de fruits en fin d'après-midi permet d'attendre sereinement le dîner.

Hydratez-vous régulièrement.
C'est surtout en dehors des repas que vous devez boire de l'eau de façon régulière. Préférez l'eau plate, les jours de repos et l'eau pétillante, les jours de sport. Pourquoi ?
L'eau pétillante riche en sodium compense les pertes occasionnées à l'effort. Pour faire simple, buvez environ 1,5 litre les jours de repos, le double, les jours de sport.

Incorporez dans votre alimentation des fruits et des légumes au quotidien.
La consommation de fruits et de légumes favorise la prise de **vitamines**, de **sels minéraux**, d'**eau** et de **fibres**.
Manger chaque jour l'ensemble de ces nutriments contribue à minorer les risques de maladies et favorise la recherche ou l'entretien d'une bonne condition physique.

Majorez la part de sucres lents au cours de chacun de vos repas.
Rappel : Les sucres lents, c'est le carburant. Sans carburant le rendement musculaire baisse. La consommation de sucre lent se fait essentiellement sous forme de pâtes, de riz, de légumineuses, céréales, fruits secs... 120 grammes par repas sont nécessaires pour couvrir les besoins pendant la majeure partie du programme d'entraînement. Mais, au cours des trois semaines précédant l'épreuve, tout change. Il faut majorer la prise de sucre lent. Les recommandations pour cette période vont 6 à 8 grammes par kilo de poids de corps. Donc, si vous pesez 70 kgs, il vous faut ingérer 560 grammes de sucre lent par jour. Il est inutile, en revanche, de majorer la prise de lipides

et de protéines.

NB : Les céréales de type muesli sont très caloriques. C'est la raison pour laquelle, la ration ne dépassera pas 30 grammes. Ce sont des aliments intéressants pour leurs apports en vitamines et sels minéraux.

Oubliez les sucreries en dehors des repas.

L'ingestion de sucre rapide en dehors des repas majore la glycémie. L'hyperglycémie stimule un pic d'insuline. Ce pic va faire chuter la concentration du sucre sanguin. Cette chute suscite une envie irrépressible de manger. C'est un piège, plus on grignote des sucreries, plus on a faim.

Ajustez l'apport de protéines animales.

Les viandes rouges, le gibier, les abats représentent une source de protéines (acides aminés essentiels). Mais aussi une source de mauvaises graisses (**acides gras saturés**).

C'est la raison pour laquelle deux prises par semaine à raison de 100 grammes suffisent pour couvrir les besoins. Il en va de même pour les viandes blanches et les œufs. Le reste du temps, il est préférable de consommer du poisson. Du poisson gras car il contient les bonnes graisses (les fameux **oméga-3**).

NB : La charcuterie doit représenter une exception au même titre que le beurre.

Restreignez au maximum l'apport de mauvaises graisses (acides gras saturés).

De quelle façon ? En limitant les apports de :
Beurre, l'équivalent d'une petite cuillère par jour pas plus.
Charcuterie.
Gâteau.

Lait, yaourts au lait entier, crème dessert…
Viandes rouges, gibiers, abats.
Pizzas, quiche…
Fritures de toutes sortes…
Sauces.

*Apportez, de façon quotidienne et en quantité limitée, la part de bonnes graisses (acides **gras polyinsaturés**) à votre alimentation.*

Une bonne graisse est une graisse qui est nécessaire au bon fonctionnement de l'organisme. Malheureusement, c'est une graisse non synthétisable. Il faut en consommer tous les jours pour ne pas être en situation de carence. Son apport calorique et qualitatif quotidien se fait sous forme de :
- D'huiles végétales (deux cuillères à soupe par jour d'huile de colza, de noix ou d'olives)
- De poisson gras (100 grammes de thon, saumon, sardine, maquereau…en boite, frais, congelé, tout est bon)
- De Fruits secs (quatre fruits par jour pas plus, de préférer les noix et les noisettes).
- De soja, (sous toutes ses formes en quantité raisonnable quand même, interdiction pour les femmes enceintes).

Attention à l'abus de produits laitiers.

L'utilité de consommer les produits laitiers repose dans l'idée qu'ils contiennent du **calcium**. Ce n'est pas si vrai que cela. C'est la raison pour laquelle beaucoup de controverses concernent les produits laitiers. Quelle en est la raison ? Le taux d'acidité contenu dans les produits laitiers favorisent les pertes calciques. Il est donc possible de considérer qu'un produit laitier dépourvu d'acidité est un bon aliment. Ce n'est pas si simple. Les produits laitiers riches en calcium présentent un taux d'acidité marqué. Alors que faut-il faire ? Il faut consommer les produits laitiers les moins acides et plus ou moins riches en calcium et délaisser les autres. Le fromage, à titre d'exemple, est inintéressant pour le coureur de fond. Sa teneur en calcium est faible, son taux de graisses saturées considérable. Il faut leur préférer le fromage blanc à zéro % de matières grasses. Pauvre en matières grasses, sa teneur calcique est avantageuse. Pour les sportifs de fond, adultes qui plus est, l'impasse sur la consommation de produits laitiers peut conduire à un déficit de calcium. La dose quotidienne doit être équivalente à celle d'un yaourt par repas. Pour les jeunes sportifs de fond, cette dose doit être majorée pour qu'ils puissent développer leur capital osseux.

Modérez votre prise d'excitants.
Essayez de ne pas dépasser la dose équivalant à trois tasses de café ou de thé par jour.
Pour information, le thé vert est recommandé pour sa propriété d'antioxydant. Il combat la formation de radicaux libres (sorte de rouille qui se dépose sur les tissus).

Accordez-vous quelques exceptions une fois par semaine.
Oui, oui ! Vous avez bien lu, il est nécessaire pour l'équilibre d'une bonne santé morale de s'accorder quelques entorses. Que ce soit en famille, entre amis, au cours d'un repas d'affaires ou d'agrément, vous êtes invités à vous faire plaisir en mangeant les mets que l'on vous propose et de consommer les vins que l'on vous présente surtout s'ils sont délicieux.

Mettez un terme à ces exceptions cinq semaines avant le jour de l'épreuve.
Sachez que l'alcool freine le passage du glycogène dans les muscles, qu'un tissu musculaire maigre est plus efficace qu'un tissu gras, que la perte de poids favorise la performance et éloigne la blessure. Cinq semaines semblent être la bonne distance pour arriver à ce résultat.

Les règles alimentaires à suivre le jour de la course.

Cessez toute prise de sucre rapide une demi-heure avant le début de l'épreuve.
La prise de sucre une demi-heure avant le début de l'épreuve favorise l'hypoglycémie. *Rappelez*-vous ? L'effet du pic d'insuline. Cet apport tardif va compromettre le résultat escompté.

Alimentez-vous pendant la course de fond.
Vous l'avez compris, c'est une nécessité d'apporter du sucre à l'organisme au cours des foulées afin de repousser le plus tard possible l'hypoglycémie. Autrement dit, on rajoute du carburant pour ne pas tomber en panne.

Hydratez-vous pendant la course de fond.
L'astuce consiste à ne pas attendre la soif. Après il est trop tard. Boire régulièrement de petites doses d'eau, deux ou trois gorgées toutes les demi-heures, c'est bien, essayez de trouver votre rythme d'hydratation à l'entraînement.

Avalez une pastille de sel en cas de forte chaleur lors des épreuves de longue distance.
La perte majorée de sel favorise la crampe musculaire. Passé les 15 kilomètres, une prise de sel tous les 5 kilomètres éloignera ce risque.

Avant le début la course de fond, respectez « la règle des trois heures. »
C'est le grand jour, dans quelques heures vous allez participer à votre première épreuve de fond. Il s'agit de ne pas se tromper. Les sucres lents ingérés doivent faire leur effet dès la ligne de départ. Sachant que la

dégradation des sucres lents dure trois heures, vous devrez compter trois à rebours de l'heure de départ pour commencer à vous alimenter.

<u>Au cours du repas pris trois heures avant le départ de la course de fond, privilégiez la prise de sucres lents et écartez les mauvaises graisses.</u>

Le dernier repas pris trois heures avant le début de l'épreuve doit être copieux et digeste. L'aspect copieux sera assuré par les sucres lents.

L'aspect digeste par l'élimination des mauvaises graisses (fromage, viandes grasses, beurre, gâteau, crème, friture, sauce diverse) pour ne pas ralentir la digestion (pas de poissons gras ce jour-là).

<u>Avant, pendant et après la course de fond, hydratez-vous abondement.</u>

D'une manière générale, on considère le sportif en état de déshydratation permanent. Après la course de fond, cet état est majoré. Il faut boire le plus possible. De l'eau pétillante chargée en sels minéraux, surtout en sodium tout au long de la journée jusqu'au coucher et les jours suivants. Ce bon réflexe hydrique facilitera une bonne récupération et permettra une meilleure surcompensation.

<u>Au cours des deux ou trois repas qui suivent la course de fond, écartez de votre alimentation les mauvaises graisses, les sucreries, l'alcool et les excitants.</u>

Après l'épreuve, il s'agit avant tout de récupérer. C'est-à-dire de nettoyer le corps de toutes les toxines accumulées et de le réapprovisionner en eau, en sucre, en sels minéraux, et en éléments de structures.

L'apport de mauvaises graisses et de sucreries est contraire au principe de récupération. Il chargerait en toxines un organisme qui en est déjà pourvu. De la même manière l'alcool et les excitants comme le café ou le thé sont des diurétiques. Leur consommation est contraire au principe de réhydratation.

Mangez sainement et efficacement pour récupérer pleinement.
Après avoir écarté les aliments indésirables à la bonne récupération, il s'agit d'en apporter de bons. Leur ingestion est nécessaire à la reconstitution du corps.
Il est donc recommandé de sélectionner les aliments suivants :
- Les sucres lents, pour récupérer le carburant.
- Les laitages maigres, pour le calcium, en vue de reconstituer de l'os et du cartilage osseux.
- Les fruits, pour l'eau qu'ils contiennent et surtout pour les vitamines, car elles améliorent le fonctionnement des métabolismes.
- Les protéines. Elles vont permettre une bonne reconstitution musculaire. Le soja, comme les poissons gras présentent un avantage considérable sur les autres sources de protéines car, à l'opposé des viandes, ils sont dépourvus de mauvaises graisses.
- L'eau. Inutile d'y revenir.

Les jours suivants la course de fond, respectez les règles alimentaires définies plus haut.

Pour conclure ce chapitre, je vous recommande de contrôler votre indice de masse corporel (IMC). C'est un bon repère pour vérifier l'excédent de poids ou l'inverse.
Voici comment on le calcule :
poids : (taille en mètre) 2 = IMC
exemple : 73 kg : (1.74 x 1.74) =
73 kg : 3.0276 = **24.11**

Pour être « dans les clous » il faut présenter un indice se situant entre l'indice 18.5 et l'indice 25.

Un bon indice, selon l'Organisation Mondial de la Santé (OMS), garantit la meilleure santé et la meilleure longévité de vie possibles.

En revanche, cet organisme considère que les personnes dont l'indice est supérieur à 25 présentent un excès de poids et les personnes dont l'indice est inférieur à 18.5 sont considérées comme trop maigres.

A partir de l'indice 30, l'obésité commence...

Le cacavelli de ma mère, l'histoire d'une erreur alimentaire.

Ajaccio avril 2004.

J'adore le petit déjeuner, c'est mon repas préféré. Tous les matins c'est la même chose, à peine sortie du lit, je me précipite à la cuisine pour le préparer.

D'ordinaire je bois deux grandes tasses de café que j'accompagne de tartines de pain légèrement beurrées puis je termine ce repas par une compote aux fruits à zéro pourcent de matières grasses ou et un fruit de saison. C'est un rituel auquel je déroge très peu.

Aujourd'hui c'est différent. Je devrais manger plus, car dans une heure, je vais courir, en compagnie de Gilles et de Patrice, vingt kilomètres sur la route de la Parata. Je me dois donc de manger plus pour éloigner la panne de carburant. C'est normal, c'est un effort considérable qui réclame une forte dépense d'énergie alors il faut bien me nourrir avant de partir.

Je le sais et, pourtant je ne le fais pas. De toute façon c'est trop tard. J'aurais dû me lever beaucoup plus tôt. Au lieu de cela quand le réveil a sonné, je l'ai éteint et je me suis rendormi aussitôt. Ce n'est pas très sérieux, mais je manque de motivation, alors je traîne.

Les coudes sur la table de la cuisine, ma tête me semble plus lourde qu'à l'ordinaire. Je me frotte les yeux et j'attends que le café finisse de couler.

Mon appétit s'est ouvert et près de moi, à l'abri d'une feuille de papier sulfurisé se trouve dans une assiette le « Cacavelli » que ma mère m'a remis la veille au soir. C'est un gâteau délicieux que l'on consomme localement tous les ans pour la fête de Pâques. Un aliment contraire à l'effort physique car sa composition à base d'œufs, de farine et de lait, auxquels on ajoute des zestes d'agrumes, le rend peu digeste. Aussi je dois me garder d'en goûter, car je prendrai alors le risque d'une contre-performance.

Pourtant, je ne peux m'empêcher de m'en emparer, de le tâter, de le renifler et d'avoir envie de croquer dedans. Je me ravise quand même et je le remets avec sagesse à sa place.

Je n'aurais pas dû le découvrir. Quelle imprudence, son odeur embaume maintenant la pièce et excite mes papilles gustatives. Il est beau, tout gonflé avec sa forme couronnée et son œuf dur sur le côté. Plus je le contemple et plus je salive. La tentation est trop grande désormais, n'y tenant plus j'en coupe un morceau et je l'avale avec gourmandise. Quel délice, il est bon et moelleux à souhait. Sur ma lancée, j'en coupe un autre morceau auquel je réserve le même sort, puis une autre et encore une autre jusqu'à ce qu'il n'en reste plus une seule miette dans le plat.

Totalement repus, l'estomac tendu, je bois ensuite deux tasses de café espérant en vain atténuer cette sensation.

C'est fait. Dommage pour la performance sportive, j'ai la sensation que ce sera pour un autre jour. Mais je dois y aller, mes amis m'attendent au bord de la mer, devant le casino, à cinq minutes à pied de là. D'ailleurs, ils sont déjà présents quand j'arrive à notre rendez-vous.

Ensemble, nous étions convenus de démarrer la course sur un bon rythme et *de le maintenir sur toute la distance. Oubliant l'épisode du « Cacavelli », je Rappelle à mes amis cet engagement rythmant dès le départ l'allure de nos foulées. Avec Gilles, c'est la troisième fois que nous empruntons cette route au pas de course. L'année dernière déjà, nous avions pulvérisé notre mémorable (et pathétique) premier chrono de l'année précédente (Voir la Route de la Parata page 21). Cette fois-ci nous visons une performance meilleure encore. Nous avons suivi pour cela une préparation rigoureuse depuis de longs mois.*

Les premiers kilomètres se passent bien, l'allure est bonne et après une demi-heure de route, je constate avec satisfaction que nous sommes dans les temps. Je suis quand même surpris de suivre ce rythme avec autant d'aisance dans la mesure où ces derniers jours je n'étais pas enthousiaste à l'idée de participer à cette épreuve. C'est sans doute la répétition d'une même et seule expérience qui lasse mon esprit aujourd'hui. Qu'importe maintenant ce sentiment de découragement, du moment que je suis là, à courir sur l'asphalte, je me dois de donner le meilleur de moi-même afin d'être fidèle à mon serment vis-à-vis de mes amis qui, en ce moment, courent à la même cadence que la mienne sans fléchir. Ce qui me gêne, c'est l'intense sensation de soif que je ressens et qui n'a pas cessé d'augmenter depuis que j'ai quitté mon domicile. J'ai le sentiment que le « Cacavelli » fait des siennes et cela, je le crains, ne présage rien de bon pour la suite des événements.

Aussi, à l'endroit prévu, je suis bien heureux de boire d'un seul trait l'une des bouteilles d'eau que j'avais pris le soin de déposer la veille à l'un des points stratégiques sur le chemin qui longe la route. Une fois désaltérés, nous repartons en augmentant sensiblement la vitesse de nos pas.

L'estomac tendu, je commence à ressentir les effets de la fatigue. Le souffle haletant, les jambes lourdes, je peine maintenant à avancer. Je m'accroche quand même pour suivre l'allure imposée par Gilles désormais. Á mi-

parcours, je suis convaincu que je n'arriverai plus à maintenir cette cadence, aussi j'invite mes deux amis à poursuivre leur effort sans tenir compte de mon infortune. L'air désolé, ils repartent en m'ayant au passage encouragé à les suivre ou du moins à soutenir mon effort jusqu'au bout. Quelques centaines de mètres plus loin, je les regarde impuissant s'éloigner devant moi jusqu'à disparaître peu à peu. Je mets quand même un point d'honneur à terminer ce parcours à la course même s'il me semble que je trottine.

Bien plus tard, je franchis la ligne d'arrivée en loque avec une demi-heure de plus sur le temps prévu.

Attablé à la terrasse d'un café, je raconte à mes amis les difficultés que j'ai dû surmonter pour finir cette épreuve.

Je leur explique notamment que dans les derniers moments, j'ai été dans l'obligation, tant mes cuisses me faisaient mal, de changer ma façon de courir afin de solliciter d'autres groupes musculaires pour me propulser.

« Que s'est-il passé ? Me demande Patrice.

Rien de surprenant lui réponds-je, j'ai mangé bêtement un cacavelli juste avant de partir et je n'avais plus la force de courir.

Tu peux être plus explicite ? Me redemande-t-il »

Hé, oui ! Leur expliquais-je, un cacavelli de malheur avait eu raison de moi, de mes qualités physiques, de ma capacité à galoper à toutes jambes toute la durée de l'épreuve. Une fois dans mon estomac, il avait agi comme l'aurait fait un plâtre et bloqué ma digestion. Plus rien ne pouvait en sortir. Et c'est naturellement que, privé de carburant, mon organisme pareil à une voiture est tombé en panne. Sans essence (de sucre) il m'avait été alors impossible de poursuivre mon effort. Bien fait pour moi. Je n'avais qu'à respecter les principes de la diététique sportive. En peu de mots et d'une façon très simple, manger des aliments digestes et énergétiques avant la course, manger peu et boire assez pendant la course et bien m'alimenter après. Cette erreur alimentaire au final m'a valu une déconvenue sportive, une souffrance physique et une humiliation morale. À l'arrivée mes compagnons ne se sont pas privés de me chambrer comme il se doit. C'était mérité.

Foire aux questions.

En dehors des produits laitiers, dans quel aliment peut-on trouver du calcium.
Il est possible de trouver du calcium dans les eaux minérales, l'eau du robinet, les feuilles vertes non cuites, les amandes, les dattes, les figues et bien autres aliments encore. Les apports nutritionnels conseillés tournent autour de 900 mg/jour. Le calcium contenu dans les eaux minérales est bien assimilé par l'organisme et peut suffire à couvrir les besoins pour l'adulte. Il reste insuffisant pour le coureur de fond et pour la femme ménopausée.

Que dois-je penser du gâteau sport ?
C'est un bon produit. Étudié pour la course de fond, il répond parfaitement aux principes nutritifs recommandés. Conseil : n'attendez pas le jour de la course pour découvrir ce gâteau, consommez-le régulièrement pour savoir si votre organisme le digère bien.

Comment dois-je m'alimenter pendant la course ?
Deux possibilités s'offrent à vous. La première consiste à vous alimenter aux points de ravitaillement. La deuxième à ingérer des petites rations sous forme de gel. Une ration tous les 5 kilomètres. Le choix de la deuxième solution impose de ne pas attendre le dernier moment pour s'accoutumer à ce mode de ravitaillement. Un ou plusieurs essais pendant la préparation sont recommandés pour éviter les mauvaises surprises de jour de l'épreuve.

Je n'arrive pas à boire en courant. Que puis-je faire ?
Arrêtez-vous aux points de ravitaillement ! Il est pratiquement impossible de boire en courant et d'autant plus à une vitesse élevée. À moins de posséder une poche d'eau reliée à votre bouche par une tétine. Sans cela, la pause vous sera salutaire. À l'arrêt, vous pourrez ingurgiter l'eau nécessaire pour couvrir vos besoins. S'il fait chaud, c'est d'autant plus vrai. La déshydratation est forte. Deux à trois gorgées ne suffiront pas à satisfaire votre soif. Seul un arrêt marqué vous permettra de boire à votre convenance.

La mode est la pomme de terre, que dois-je y penser ?
Que ce soit à la vapeur, sous forme de frite et autres modes de cuissons, la pomme de terre est un aliment à index glycémique élevé. Ce n'est donc pas un sucre lent. Elle possède quand même des vertus en matière vitaminique (42 % de vitamine C, 50 % potassium, 10 % fer et magnésium.) et sa teneur en eau est considérable. Il n'est donc pas inutile de l'incorporer dans l'alimentation en quantités limitées. Elle ne peut remplacer les glucides lents traditionnels comme le sont les pâtes, le riz, les céréales et légumineuses.

La banane est-elle digeste ?
Oui ! C'est un bon aliment pour la course de fond. Les points de ravitaillements en sont pourvus. N'hésitez pas à en consommer. Outre que sa digestion est rapide, sa richesse en sucre va, pendant la course, alimenter la glycémie et, après la course, reconstituer les réserves de glycogène. Qui plus est, la forte dose de magnésium qu'elle contient diminue le risque de crampe.

Banane ou orange ?
Oubliez l'orange, la quantité de sucre qu'elle contient est moins importante

que celle de la banane et sa disponibilité de même. Cela étant, l'orange un très bon aliment au jour le jour pour sa richesse en vitamine C, en fibres, et pour sa faible teneur en sucre.

Pour quelle raison doit-on éviter de consommer des fibres ?
Pendant la course seulement ! Au jour le jour, leur consommation est recommandée pour son action sur le muscle intestinal. À force de le malaxer, ce dernier va renforcer ses parois et devenir moins exposé aux risques de cancer du côlon. Pendant la course, c'est autre chose. Les chocs ressentis par les intestins à chaque foulée ont pour effet de favoriser la diarrhée. Les fibres ont ce même effet, il n'est donc pas recommandé de le conjuguer à celui des foulées.

Que dire de l'alcool.
L'alcool empêche le sucre de rentrer dans la cellule musculaire. Dans ces conditions, seul le glycogène intra cellulaire sera en mesure d'approvisionner le muscle en énergie. On a vu que dans ces conditions la poursuite de la course demeure incertaine. C'est la raison pour laquelle l'organisme ne sera pas en mesure de répondre aux sollicitations prévues à la vitesse proche de la *VMA*, notamment lors des séries d'exercices fractionnés au cours des séances d'entraînement. À l'aune de ce commentaire, il apparaît que la consommation d'alcool est incompatible avec la préparation à la course de fond. Si vous tentez l'aventure, ce sacrifice vous serait demandé.

Et les fruits dans leur globalité ?
L'apport en vitamine, en eau, en fibres, en sucre lent, oui le fructose est un sucre lent, fait que la consommation de fruits est fortement recommandée pour la santé. Pour la préparation à la course de fond aussi. Mais attention !

Choisissez les fruits dépourvus de fibre dans votre dernier repas précompétitif et pendant la course à cause des risques de diarrhée.

I. Ma première course.

Le macrocycle touche à sa fin. L'ultime séance d'entraînement est maintenant derrière vous, votre corps est affûté comme jamais, *vos jambes* sont prêtes à dévorer les kilomètres séparant la ligne
de départ de la ligne d'arrivée. C'est le moment attendu, c'est le jour de la course.

Le jour de la course.

À la sortie du macrocycle, l'impatience d'apprendre si les efforts consentis seront bien récompensés est forte. Le degré de motivation est naturellement élevé, trop élevé même, la lucidité fuit, des erreurs *de dernières minutes* peuvent survenir et mettre à bas ce beau projet. Et l'on se met à croire qu'il est possible de réaliser un chrono plus ambitieux. Le jour de l'inscription, une musique trompeuse vous conduit à surévaluer la performance envisagée. Cette erreur est motivée par l'idée que l'opportunité de réaliser un meilleur chrono ne se présentera plus. Bref, vous
souhaitez briller. Si tel était le cas, vous feriez connaissance avec « le mur » si bien connu des joggeurs confirmés en fin de parcours. Au final, la déception de ne pas atteindre votre objectif temps serait grande et la souffrance endurée autant. La panique fait perdre les moyens et favorise le risque de contre-performance. Le meilleur remède pour ne pas tomber dans ce piège consiste d'une part
à laisser son plan inchangé et d'autre part à suivre un rituel bien déterminé. Il s'agit ici de visualiser ce qu'il faut faire avant, pendant et après la course.

Avant de la course.

Cette période couvre la semaine qui précède l'épreuve et le jour même de l'épreuve.

La semaine précédente.
Rappel : Il faut *lever le pied* !
Quelle en est la raison ?_Parce qu'un surplus d'efforts produit lors de la dernière semaine va nuire à la forme physique. À ce stade, *les dés sont joués*. Le temps des progrès terminés, l'organisme doit récupérer et faire *le plein d'énergie*. Comment cela s'exerce-t-il ?_D'abord, en arrêtant toute forme d'effort au cours des trois jours qui précèdent la course. N'oubliez pas que c'est votre première course ! Votre organisme n'est pas encore aguerri à ce type d'effort pour se permettre de courir la moindre distance la veille du départ comme le font les marathoniens avertis. Donc, la prudence est de mise. Il serait dommage de saper le travail d'un trimestre, voire plus, par un excès d'optimisme.
Ensuite en limitant le nombre de séances. La course se déroule généralement le dimanche. Il faut se limiter à deux séances (mardi, jeudi) au cours de cette semaine. Mardi, la durée de la séance n'excédera pas 45 minutes. Jeudi 30 minutes. L'entraînement ne comportera pas d'exercice fractionné, la vitesse sera inférieure au train de la course.
La veille de la course : On se repose ! Pas de visites touristiques, pas de restaurant, de la lecture, un repas copieux digeste et au lit.
Le jour de l'épreuve.
La question est de savoir comment ne pas compromettre sa performance au dernier instant.
En commençant par la prise d'une bonne douche. L'eau facilitera **le réveil**. Celle-ci doit être prévue **4 heures** avant le début de la compétition.

Ensuite par le respect des règles alimentaires du sportif.

Rappelez-vous, le dernier repas doit être pris trois heures avant le début de l'épreuve. Il sera digeste et composé essentiellement de sucres lents. Pas d'innovation ce jour-là ! Ne bouleversez pas vos habitudes. Les réserves de glycogène sont faites. Les corrections nécessaires ont déjà été réalisées, ce n'est donc pas la peine de tout changer au dernier instant. Une modification des habitudes risque de perturber la digestion. (Voir l'histoire du « Cacavelli de ma mère »).

De même, ne vous hydratez pas anormalement. L'eau ingérée en excès alimentera votre vessie et vous obligera à uriner pendant la course et rendra plus aléatoire votre objectif temps.

Puis, par le recensement du matériel de courses. Les chaussures, les chaussettes, le short, n'oubliez pas le cycliste pour l'entrejambe ! La tenue, le bonnet et les gants s'il fait froid, la puce électronique, le cardio-fréquence-mètre ou la montre, la crème protectrice contre les échauffements, les recharges d'eau, de gels, etc.

Enfin ne tardez pas à vous rendre au point de rassemblement des coureurs. Ne quittez pas votre domicile avant d'avoir vérifié l'itinéraire qui vous y conduira. En cas d'impondérable, vous aurez ainsi le temps d'arriver à l'heure au bon endroit.

Sur place, vérifiez une dernière fois le matériel. Puis commencer à vous échauffer une demi-heure avant le départ. Plus la distance est courte, plus l'échauffement doit être long. On ne court pas à la même vitesse tous les types d'épreuves. Pour l'ensemble des épreuves dont la distance est inférieure à celle du marathon l'échauffement peut comporter quelques étirements doux. Ne forcez pas le mouvement, laissez vos muscles répondre à votre insistance d'eux-mêmes.

Après cela, démarrez lentement et augmentez la vitesse peu à peu. Quelques accélérations sont recommandées pour un bon réveil musculaire.

Sans en faire trop bien entendu, il ne s'agit pas de s'épuiser avant la course. De cette manière, les appareils musculaires, cardio-vasculaires, respiratoires et neurologiques seront prêts pour répondre à l'effort consenti.

Pendant la course.

La ligne de départ franchie, les pensées peuvent se disperser ou se brouiller. Alors comment faire pour éviter cette perte de lucidité ? Le mieux est de forcer sa concentration en lui imposant un rituel. D'abord par le contrôle régulier de son allure de course, ensuite en respectant les temps alimentaires et hydriques imposés et enfin par l'adoption du bon rythme respiratoire.

<u>Rester concentré sur son allure de course.</u>
L'allure de course représente une des inquiétudes qui hante le coureur qui s'engage dans une épreuve de fond. Fondamentalement cette crainte s'évanouit par la connaissance et la maîtrise de la vitesse idéale qui doit la conduire jusqu'au bout de son périple. C'est, vous le savez maintenant, au cours des entraînements que la stratégie se détermine.

Plusieurs méthodes se distinguent les unes des autres pour apprendre à bien réguler sa vitesse. Parmi elles deux s'en détachent distinctement : la première est, pour ainsi dire, naturelle et se réfère aux seules impressions ressenties par le coureur. La seconde plus moderne fait appel aux instruments de mesure. L'une et l'autre lorsqu'elles sont bien employées sont efficaces, mais présentent cependant chacune un risque d'erreur.

<u>La manière naturelle.</u> Le contrôle du rythme respiratoire demeure un des moyens, certes, empiriques mais néanmoins fiables, de bien surveiller sa vitesse de course. Sans avoir recours à la technique, simplement en écoutant son corps, la respiration aisée, juste en dessous de la limite de l'essoufflement, la filière aérobie produit ses effets. À cette vitesse, sous le feu des glucides, les lipides produisent l'énergie nécessaire au bon

rendement musculaire pendant toute la durée de la course.

Cette logique fonctionne. Mais au moindre changement d'intensité, à la moindre accélération aussi anodine soit-elle, très vite, le besoin de décélérer se fait sentir. Le souffle alors se fait court, les cuisses s'alourdissent, l'estomac se contracte et l'impression *de ne plus en pouvoir* accapare l'esprit au point de se demander s'il sera possible de prolonger son effort dans ces conditions. Seul l'exercice au train de la course peut limiter ce type de désagrément. C'est la raison pour laquelle il est recommandé, tout au long de la saison, de répéter le juste effort à accomplir, à l'écoute de ses propres sensations. Une fois la bonne allure mémorisée, le jour de la course, le risque d'erreur sera minimisé à condition de ne pas se laisser griser par l'excès de motivation inhérent à ce type de compétition.

L'autre moyen consiste à contrôler son allure de course à chaque kilomètre. La parfaite connaissance et le respect de sa vitesse au kilomètre sont les clés de la réussite. Ne courez pas l'esprit vide. Concentrez-vous sur votre objectif temps, cela vous aidera à traverser l'épreuve plus facilement. Un semi, un marathon c'est long ! C'est une bonne astuce pour *tuer le temps*.

<u>Le recours au cardio-fréquence-mètre.</u>

Rappel : Aujourd'hui, le recours à cet instrument est fortement répandu chez les coureurs. C'est pratique, l'allure de la course y est indiquée clairement sur le cadran de la montre soit directement, soit indirectement par l'information de l'état des battements de son cœur en nombre ou en pourcentage. La minimisation du risque d'erreur constitue indéniablement le gros avantage du recours à cet instrument. Le fait de prévoir le nombre de battements cardiaques par minute à respecter éloigne la contre-performance. Avec cet outil, on est certain d'arriver sans trop de dégâts en relative sécurité. L'inconvénient, c'est que cette protection limite le dépassement de soi. La performance est fortement encadrée. Qui plus est, le rythme cardiaque prévu au départ augmente progressivement durant la course avec la fatigue. Pour le maintenir l'obligation de diminuer l'allure de course s'impose impérativement et la performance avec. Mais, comme il est dit dans le jargon sportif, « de cette façon on est sûr de terminer ! ».

Personnellement ma préférence va vers la méthode naturelle même si elle m'a valu par le passé quelques ennuis. Aujourd'hui, il est vrai que de la manière dont j'appréhende la course de fond, je laisse la performance aux autres, je me contente seulement du plaisir de courir, m'éloigne de ces mauvaises péripéties. Les traumatismes disparaissent.

Alors, je cours en aisance respiratoire, généralement en compagnie de mon ami Gonzalo, vous vous rappelez ? « La route de la Parata », sans trop forcer, en recherchant non plus la plus grande vitesse réalisée mais la distance parcourue et cela me procure de belles satisfactions.

<u>Bien s'alimenter et bien s'hydrater.</u>
Rappel :
Tout au long de la course, il faut veiller à bien s'alimenter et bien s'hydrater. Quelles en sont les raisons ? D'abord, éloigner l'hypoglycémie et la déshydratation. Hé oui ! Beaucoup de coureurs oublient de boire et de s'alimenter pendant la course. C'est l'erreur à éviter. Sans apport de sucre, d'eau et de sel l'organisme s'affaiblit. Le rendement escompté n'est pas au rendez-vous. La performance chute.

<u>Comment ?</u>
La concentration joue là aussi un rôle majeur. Alors pour éviter ce désagrément, le mieux est de respecter les bornes de ravitaillement prévues par l'organisation de la course. Elles sont présentes tous les 5 kilomètres. C'est le meilleur moyen de ne pas se tromper. Au cours de ces cinq kilomètres, les réserves d'eau, de sel et de sucre (glycogène) ont le temps de diminuer, un arrêt s'impose. Le temps de boire trois ou quatre gorgées, de

manger un demi-sucre et c'est reparti. La reprise de la course se fera progressivement jusqu'à atteindre le train de la course initialement prévu.

À ne pas faire :

Se précipiter au moment du ravitaillement. Buvez doucement, suffisamment, surtout s'il fait chaud, et prenez le temps de bien mâcher vos aliments.

<u>Astuce</u> : Au cours d'un marathon, lors des premiers ravitaillements, l'ingestion de fruits secs, à condition qu'ils soient digestes, est recommandée. En effet, le sucre contenu dans ces aliments sera

restitué sous forme d'énergie plus tard quand le besoin se fera sentir. Autrement dit, un fruit sec consommé au 5ème kilomètre se manifestera en terme d'énergie au 30ème kilomètre. Voilà une bonne information.

Pour mieux comprendre l'importance de bien se nourrir le jour de la course, il est bon de connaître la relation existant entre le sucre et l'effort.

Pour commencer, posons-nous la question : qu'est-ce qu'un sucre ? Pour simplifier, on classe les sucres en deux catégories : les sucres simples et les sucres lents. Les sucres simples passent vite dans le sang, les sucres complexes non.

<u>Quelle conséquence sur la glycémie (taux de sucre sanguin) ?</u>

L'ingestion de sucre simple (sucre en morceaux, miel, confiture) augmente rapidement la glycémie.

L'ingestion de sucre lent (pâtes, riz, céréales, légumineuses) maintien la glycémie constante.

Ce classement est pratique à retenir, mais la réalité est plus compliquée que cela.

<u>En absence d'effort physique,</u> trois paramètres déterminent la vitesse de passage dans le sang :

D'abord, le taux de sucre contenu dans chaque aliment. La consommation de carottes qui, par exemple, contiennent peu de sucre n'aura pas la même incidence sur la glycémie alors que la consommation de miel qui en est essentiellement composé oui.

Ensuite, la composition de chaque aliment. Les aliments pourvus en fibres ralentissent considérablement le passage du sucre dans le sang (légumineuses, riz complet etc...)

Enfin, la façon dont on consomme le sucre. L'incidence n'est pas la même selon que l'on consomme du sucre pendant ou en dehors des repas et aussi de la composition du menu. En fin de repas, par exemple, la consommation de sucre rapide précédée d'aliments riches en fibres n'aura pas la même incidence qu'un sucre rapide prit isolément entre les repas.

À l'effort, les choses changent. Pendant l'exercice physique l'organisme consomme préférentiellement le sucre comme carburant. Même en endurance, il en brûle beaucoup. La glycémie doit donc rester constante afin d'approvisionner les muscles en sucre tout au long de la durée de l'effort. Quand le taux de sucre sanguin baisse, la fatigue apparaît rapidement et l'effort cesse. Bien entendu, les personnes averties savent très bien que le taux de sucre de réserve (glycogène) joue un rôle non négligeable de carburant lui aussi. Mais les stocks ne sont pas inépuisables. Une fois les muscles et le foie vidés de leur sucre seul le sucre ingurgité au cours du repas précédant l'exercice physique et/ou le sucre consommé au cours de l'effort pourront garantir, à moyen terme, son prolongement.

<u>Comment faire pour rationaliser toutes ces données ?</u>

1. La consommation des sucres lents trois heures avant l'effort physique fera que les sucres alimenteront la glycémie et les muscles sollicités au moment opportun.
2. Si l'effort se prolonge, la prise de sucre rapide éloignera les risques de carence.
3. Juste après l'effort, une prise mineure de sucre rapide, une cuillère à

café de miel par exemple, éloignera tous risques d'hypoglycémie.

<u>Adopter le bon rythme respiratoire.</u>

L'air s'engouffre assez dans les poumons. Après une expiration forcée, le seul fait d'ouvrir la bouche est suffisant pour qu'une grande quantité d'oxygène engouffre passivement. La mécanique respiratoire est contraire à une inspiration démesurée de la poitrine. En inspirant exagérément, très vite l'impression d'étouffer surviendra. La bonne méthode consiste à souffler le plus possible sans inspirer volontairement. Bref, expirez profondément et laissez l'air entrer passivement dans vos poumons.

Après la course.

La ligne d'arrivée franchie, le temps de l'évaluation commence. Il faut que vous sachiez tout de suite que l'on est rarement satisfait de son chrono. Oui, vous avez bien lu ! J'ai en tête un souvenir qui illustre parfaitement mes propos. C'était à l'occasion d'un semi-marathon. Le premier de Gonzalo. Toujours lui ! La crainte de ne pas être en mesure de finir la distance l'avait conduit à prévoir
Un objectif temps très raisonnable. Nos foulées nous amenèrent jusqu'au 16ème kilomètre sans ressentir la moindre souffrance. C'est à ce moment que j'ai demandé à Gonzalo de prendre ses responsabilités et d'accélérer la cadence de ses foulées. Ce qu'il fit avec une pointe d'inquiétude. Nos réserves étaient si peu entamées, que nous avons couru le dernier kilomètre au sprint.
Après coup, bien que satisfait d'avoir terminé l'épreuve, Gonzalo regretta son manque d'ambition. Il aurait pu faire mieux. Heureusement pour lui, il s'est rattrapé par la suite. Mais loin de cette histoire, il existe aussi un rituel à suivre après la course. C'est le moyen de bien récupérer.

Juste après

Dès la ligne franchie, l'esprit accaparé par le chrono réalisé, le corps chancelle, les jambes sont lourdes, on fait souvent l'impasse sur la restauration prévue par l'organisation. C'est une erreur. La récupération commence ici. Il s'agit se réhydrater et de se nourrir sans attendre. Ne bâclez pas cette phase. Elle a son importance. C'est le moment idéal pour régénérer les réserves d'eau et de glycogène. Les fruits, frais, secs, l'eau pétillante chargée en sels minéraux vont contribuer à cela. Choisissez parmi les aliments proposés ceux qui vous mettent en appétit. Mangez lentement, par petites bouchées, et avec plaisir. C'est un moment privilégié que l'on doit apprécier à sa juste valeur. Sortez le chrono de votre tête et laissez-vous envahir par votre goût.

La question que l'on se pose souvent est de savoir si l'on doit étirer ses muscles. Je ne vous le conseille pas. Les tissus musculaires ont été fortement sollicités, ils ont besoin surtout de repos, pas d'étirement. Préférez un massage adapté réalisé par un kinésithérapeute.

Plus tard.

C'est l'heure du repas. Je vous recommande de bien respecter les principes alimentaires du coureur à pied.

Rappel :

Juste après la fin de l'épreuve, hydratez-vous abondement.

D'une manière générale, on considère le sportif comme étant en état de déshydratation. Cette logique est d'autant plus vraie après un effort aussi éprouvant que la course de fond. Pour retrouver son état de forme initial, il est indispensable de boire de l'eau pétillante tout au long de la journée jusqu'au coucher et de continuer les jours suivants. Ce bon réflexe hydrique facilitera une bonne récupération et permettra une meilleure surcompensation.

Au cours des deux ou trois repas qui suivent la course à pied écartez de votre alimentation les mauvaises graisses, les sucreries, l'alcool et les excitants.

Après l'épreuve, il s'agit avant tout de récupérer. C'est-à-dire de nettoyer le corps de toutes les toxines accumulées et de le réapprovisionner en eau, en sucre, en sels minéraux, et en éléments de structures.

L'apport de mauvaises graisses et de sucreries contribuerait à contrario à charger en toxines un organisme qui en est largement pourvu. Cela serait contraire à l'effet recherché. De la même manière l'alcool et les excitants comme le café ou le thé sont des diurétiques. Les pertes d'eau qu'ils engendreraient iraient à l'opposé du principe de réhydratation. Voilà encore une mauvaise chose.

Mangez sainement et efficacement pour récupérer pleinement.

Après avoir écarté les aliments indésirables à la bonne récupération, il s'agit d'apporter à l'organisme les aliments nécessaires à la reconstitution du corps.

Il est donc recommandé de sélectionner les aliments suivants :

Les sucres lents pour le plein de carburant.

Les laitages maigres, pour le calcium, en vue de reconstituer de l'os et du cartilage osseux.

Les fruits, pour l'eau qu'ils contiennent et surtout pour les vitamines. Ces dernières améliorent le fonctionnement des métabolismes.

Les protéines. Elles sont en charge de la reconstitution musculaire. Le soja, comme les poissons gras présentent un avantage considérable sur les autres sources de protéines car, à l'opposé des viandes, ils sont dépourvus de mauvaises graisses.

L'eau. Attention à la perte de sels minéraux qui va avec la déshydratation. Pensez à vous munir de pastilles de sodium en cas de forte chaleur. Arrivé à mi-course, ingérez une pastille tous les cinq kilomètres.

V. Les pièges de la contre-performance

La performance peut avoir des suites néfastes pour la santé morale et physique du coureur. Les progrès ne sont pas infinis, le corps à ses limites. La quête d'une meilleure performance encore et encore conduit à l'impasse. Et l'on se met à croire qu'un entraînement lourd nous conduira vers un meilleur chrono. Chimère.

L'erreur alimentaire, le surentraînement, l'entêtement, le mauvais départ, l'égotisme constituent les pièges à éviter pour ne pas connaître de désillusion.

L'erreur alimentaire (voir chapitre bien s'alimenter pour réussir sa course de fond).

L'erreur alimentaire est responsable de la contre-performance. *Rappelez-vous l'exemple du Cacavelli de ma mère.*

La glycémie doit être maintenue constante à tout moment. C'est le pari à tenir. Sans cela, c'est hypoglycémie assurée.

Le surentraînement

Comme je l'ai déjà développé en amont (voire & l'objectif temps) passé un certain niveau de performance, même avec une augmentation substantielle de la quantité de travail, le gain est dérisoire. Pour améliorer le chrono de 3 à 5 minutes, beaucoup de sacrifices sont nécessaires. L'empiétement sur le temps consacré à la famille et au travail est large. Les conseils de prudence prodigués sont balayés d'un revers de main, la nervosité est palpable, l'endormissement difficile, ce sont là les signes du surentraînement. Outre le fait que l'état physiologique est éprouvant, que les rapports humains sont tendus, que le rendement professionnel baisse, ce qui reste ennuyeux, c'est que la blessure survient toujours au plus mauvais moment, c'est-à-dire proche du jour de la course.

L'entêtement

La réussite d'une course de fond est dépendante de l'état de forme dans lequel on se trouve sur la ligne de départ.

Avant d'imaginer avoir franchi la ligne d'arrivée, il faut mettre tous les atouts de son côté pour être en mesure de se présenter sur la ligne de départ. À l'inverse, on risque la blessure ou la contre-performance.

Ce qui fait mal, c'est le rêve d'une performance brisée par un traumatisme corporel avant le jour de l'épreuve. La blessure et le renoncement qui va avec sont mal acceptés, les efforts consentis ne sont pas récompensés. Et l'on se pose la question : comment suis-je arrivé là ?

L'erreur serait de croire qu'en pareille circonstance la faute incombe « à pas de chance ». S'il existe une notion étrangère à l'accident mécanique, c'est bien la malchance, seule la mauvaise évaluation des risques représente en vérité la cause majeure de l'échec.

Ces risques sont multiples, vous les connaissez désormais, ils découlent d'une préparation physique inadaptée, d'une alimentation incorrecte, d'une ambition démesurée.

Mais au-delà de ces risques, un facteur joue un rôle dans la réussite de la course à pied. C'est, l'écoute de son corps. Une douleur anodine est le préalable d'un accident à venir. On ne souffre pas pour rien mais bien pour quelque chose. Un tendon fait mal au réveil et l'inflammation n'est pas loin, un point douloureux derrière la cuisse se manifeste et c'est l'élongation qui pointe son nez... C'est une certitude, nier la douleur conduit inéluctablement à la blessure.

Alors, que faire ?

D'abord, appliquer les soins nécessaires à la partie du corps concerné. C'est incontournable. Ensuite, réviser son objectif de départ. Est-il trop ambitieux ?

Reste-t-il réalisable ? En fonction de la réponse, il est recommandé de revoir son plan d'entraînement. Celui-ci est-il toujours adapté à ses propres capacités physiques, les séances, les exercices ne sont-ils pas trop intenses ? Les temps de repos sont-ils suffisants ? Est-ce que les principes de l'entraînement sont bien respectés ?

On le voit, tout cela n'est pas simple, mais reste néanmoins possible. Le meilleur moyen est d'appréhender la compétition avec humilité et ne pas s'entêter à ne rien changer. C'est pour ma part la meilleure façon de minimiser les risques. On ne court que pour soi et non pas pour les autres. De toutes les façons, quelle que soit la vitesse à laquelle on court et, aussi rapide soit-elle, il y a toujours quelqu'un pour vous dépasser alors...

Le mauvais départ

Ce qui semble capital dans la réussite d'une course de fond, c'est de ne pas partir trop vite. À l'inverse, la fin de la course risque d'être difficile et l'ambition affichée illusoire. Cette vérité paraît élémentaire et pourtant tout pousse à faire cette erreur.

Juste avant le départ, l'adrénaline fait son effet, une émotion comparable à celle du premier jour de classe se manifeste et génère de l'angoisse. L'impatience gouverne. On ressent alors l'envie de s'affranchir de cette désagréable impression avec l'idée de s'élancer à toute vitesse sur l'asphalte.

Et c'est le coup de départ. Comme dans une course hippique, l'emballement des foulées fait suite au piétinement. La nervosité domine et brouille nos repères au point d'oublier la stratégie initiale. Difficile de se réfréner, la fatigue est loin, et l'énergie abonde. Plus rien n'interdit de croire au dépassement de soi.

Quelques kilomètres plus loin l'épuisement fait suite à l'euphorie. Le plein d'énergie fortement entamé, une sensation de lassitude se manifeste et s'installe durablement. Le moral chute et la motivation avec. La distance s'allonge, un kilomètre égale deux, l'impression de se traîner nous conduit à renoncer, à ne plus vouloir souffrir. À ce stade de la course, ce qui compte, ce n'est plus de réaliser un chrono mais bien de finir. Les ambitions sont revues à la baisse.

Plus tard, le franchissement de la ligne d'arrivée ne se vit pas comme un accomplissement, mais comme une véritable délivrance, un cauchemar qui touche à sa fin. L'épuisement est à son comble, l'accablement et la déception aussi.

Heureusement, le moral revient vite, l'analyse minutieuse du déroulement de l'épreuve et l'identification de l'erreur commise réactive la motivation, l'ambition envahit de nouveau l'esprit.

La présomption et l'émotion conduisent à la contre-performance. La lucidité seule permet de les contourner. *Rappel*ez-vous ? Le respect de la stratégie de course permet de bien finir sa course. Les moyens, vous les connaissez : le contrôle de sa vitesse à l'aide des instruments technologiques à disposition et/ou la vérification du temps de passage à chaque kilomètre, la recharge en carburant et en eau, la parfaite concentration de l'effort produit.

L'égotisme. « Pourquoi Henri va plus vite que Paul ? »

Pourquoi Henri, qui n'a jamais été sportif dans sa jeunesse, a-t-il réalisé un meilleur chrono que Paul qui a toujours eu la réputation d'être un bon sportif ?

Imaginez la conversation que peut avoir Henri avec sa femme après sa course :

«
- *Chérie ! Chérie ! Tu te rends compte, j'ai couru plus vite que Paul ! Tu te rends compte, plus vite que Paul.*
- *Oui, et alors ?*

- Paul ! Mais il a toujours été pour moi un véritable sportif, je n'en reviens pas, suis écœuré, j'arrête la course à pied. »

Hé oui, Paul qui a toujours été le meilleur au football, qui dribblait tout le monde, marquait des buts, nageait bien et avait le meilleur coup droit de tous les membres du groupe d'amis, Paul le champion, au semi-marathon, s'est fait dépasser par Henri qui avait jusqu'ici délaissé toute forme d'exercice physique.

Comment expliquer cela ? Je vais tenter d'apporter, en toute humilité, d'autres auront sûrement un autre avis que le mien sur la question, une réponse à cette interrogation en développant trois points de vue complémentaires. Sans avoir à l'esprit de rabaisser la course à pied par rapport à un autre sport, je pense, peut-être me trompé-je, que dans le monde de la course amateur, la performance dans ce sport réside avant tout dans la volonté. Bien entendu, la qualité de la préparation est essentielle à la performance, mais elle n'explique pas pourquoi Henri a couru plus vite que Paul. Allons plus loin. Le jogging constitue pour moi une activité où s'exprime en priorité une composante principale, le mental. Je dis cela, car je considère l'aspect technique secondaire. En effet, pas besoin d'une technique particulière pour courir, l'exemple d'Émile Zatopek le démontre magistralement. Il suffit de mettre un pied devant l'autre. Le besoin d'un sens tactique très aiguisé pour mener à bien sa course n'est pas non plus nécessaire, il suffit de suivre la route. Cela dit, on retrouve cette unité de mesure sur le plan physiologique. En effet, la principale qualité physiologique qu'un coureur doit détenir pour qu'il soit performant est la qualité d'endurance. La force, la vitesse, la puissance, la résistance et la souplesse même ne sont pas utiles pour réussir. Et cette unité de mesure alliée avec la précédente, c'est-à-dire le mental, fait que le jogging est un sport qui s'offre à tous. Il permet ainsi à ceux qui n'ont jamais cru en leur potentiel physique de l'exprimer totalement et ce fait nouveau dans leur existence est très satisfaisant. Pour beaucoup la découverte d'un potentiel physique qu'ils avaient jusque-là ignorée les réhabilite avec leur corps. La force mentale les sublime au point de leur permettre de rivaliser avec ceux qu'ils avaient toujours considérés comme leur maître dans le domaine sportif.

C'est ainsi qu'être adroit au football, être un bon tacticien au tennis, profiter d'une musculature avantageuse pour courir vite sur une courte distance, allier technique de nage et grande capacité de résistance à l'effort intense aux deux cents mètres nage libre ne fait pas de la même personne un bon coureur de fond. L'endurance n'est pas la résistance qui elle-même n'est pas la vitesse…

Quand Henri se retrouvera face à Paul sur un terrain de football, l'ordre hiérarchique ne se modifiera pas, Henri driblera aisément Paul mais il aura appris à ses dépends que dans un autre sport que le football, Paul lui est supérieur.

Il arrive souvent que ceux qui autrefois étaient considérés comme des sportifs reconnus dans leurs disciplines, entrent avec l'âge à la course à pied par défaut. Ils pensent souvent, « je cours parce que mon corps ne me permet plus d'exercer mon sport favori » et cet état d'esprit est incompatible avec la performance. Pour « faire une perf » il faut se donner à fond, sans retenue, avec plaisir et en toute confiance. Je pense que c'est bien cet état d'esprit qui prévaut souvent chez ceux qui découvrent la compétition sur le tard et qui les rendent si performants. En d'autres termes, ils sont « tout neufs » !

VI. Conclusion

«La performance dans la performance. » (Une certaine idée de la course de fond).

<u>Courir plus d'une heure trente minutes et avaler 20 kilomètres constitue une performance rare.</u> En effet, peu de personnes s'engagent et demeurent dans ce type d'aventure. Pour certains, la distance fait peur, pour d'autres moins. Ceux-là franchissent la ligne de départ le cœur plein d'allégresse. Ce sentiment s'émousse au fil des kilomètres. La ligne d'arrivée se fait attendre, la douleur non. Le plaisir n'est pas donné à tous. Il est vrai que la grâce ne se livre que rarement. La course de fond, on y vient tardivement et on ne s'y installe que pour un instant. La souffrance endurée décourage d'y revenir. Pourtant, quelques élus découvrent ce sport et le vivent sereinement. Pour ses adeptes de la foulée, la course est une drogue. Une fois piqués, ils y reviennent régulièrement. Ils se préparent avec assiduité et minutie comme le fait un athlète de haut niveau. Rien n'est laissé à l'improviste. Tout est prévu jusqu'au moindre détail. L'essentiel est de franchir la ligne d'arrivée en relativisant le chrono réalisé. La performance s'identifie d'abord à la distance. C'est très estimable.

<u>Courir vite et avaler le plus rapidement possible 20 kms constitue une autre forme de performance.</u>
Pour beaucoup de coureurs, ils sont nombreux, l'important est ailleurs. L'idée n'est pas de finir mais donner le meilleur de soi. Une sorte de *« performance dans la performance »*. On ne se contente pas d'aller jusqu'au bout, on y va le plus rapidement possible.
Pour satisfaire cette ambition, il faut s'entraîner dur. Il n'est pas question de tricher avec soi-même. Il n'est pas non plus question d'additionner sans

réfléchir les kilomètres à l'entraînement, mais de les parcourir intelligemment. C'est contraignant et éprouvant à la fois.

La déception est souvent au rendez-vous. Cette configuration de l'effort fait que l'on atteint facilement ses limites. Les repousser s'avère presque illusoire. Les progrès sont infimes et le moindre imprévu compromet la performance visée. Mais quand celle-ci est au rendez-vous, le plaisir que l'on en retire est immense. Bien entendu, cette appréhension de la discipline comporte des risques. La blessure n'est jamais loin, la vigilance de tous les instants. Mais si l'ambition affichée est souvent chimérique et la satisfaction rare, repousser à chaque sortie ses propres limites représente une attitude hautement appréciable.

La sagesse commande le détachement de toutes choses. Pourtant, beaucoup de choses admirables ont été faites par des personnes déraisonnables. C'est à chacun, en conscience, de choisir la voie qui lui paraît la meilleure. Celle de la performance ou celle de « la performance dans la performance ».

Lexique

Acide aminé : Structure primaire des protéines. Ils servent prioritairement d'élément de structure et accessoirement de carburant.

Acide lactique : acide produit par la dégradation du sucre en qualité de carburant pendant la contraction musculaire. Leur présence limite la poursuite de l'effort.

Aérobie : processus métabolique qui ne peut se réaliser qu'en présence d'oxygène.

Anaérobie : processus métabolique qui se réalise sans oxygène.

Acide gras : Structure primaire des lipides. Ils servent de carburant à la contraction musculaire quand l'effort est de faible intensité (vitesse inférieure au seuil aérobie.)

Cacavelli : Gâteau corse, sans rapport avec le sport.

Cardio-fréquence-mètre : instrument technologique permettant de calculer la vitesse de course, le pouls, la distance parcourue, les calories dépensées. Utile pour la course de fond.

Coordination neuromusculaire : relation entre le système nerveux et le système musculaire. Elle s'améliore avec l'exercice physique et la répétition d'un même mouvement ou d'une même série de mouvements.

Crampe : contractions involontaires prolongées et douloureuses d'un ou plusieurs muscles.

Etirements : Exercice d'assouplissement d'un ou plusieurs groupes musculaires.

Exercice continu : exercice réalisé essentiellement à la même vitesse sans temps d'arrêt.

Exercice fractionné : exercice réalisé à des vitesses différentes et pouvant être entrecoupé de temps d'arrêt.

Glucide : Sucre.

Glycogène : forme de stockage du sucre dans le muscle et dans le foie.
Glycémie : valeur qui détermine la teneur en sucre du sang.
Endurance : aptitude à maintenir un effort d'une intensité relative donnée pendant une durée prolongée. L'endurance concerne tous les métabolismes.
Macrocycle: cycle correspondant à l'ensemble de la préparation à une épreuve sportive.
Marathon : course de fond sur une distance de 42,195 kms.
Méso cycle : cycle correspondant à une période de la préparation à une épreuve sportive. Un macrocycleest constitué de plusieurs méso cycles. Sa durée peut varier.
Micro cycle : cycle correspondant à une période du méso cycle. Sa durée est d'une semaine.
Omega-3 : acide gras essentiels. Dans la mesure où l'Omega-3 ne eut être stocké, il est indispensable d'en consommer au quotidien. Pied en.
Protide. molécule consituée d'acides aminés.
Résistance : Aptitude à maintenir un effort d'une intensité très élevée. Ne concerne pas la course de fond.
Semi marathon. Course de fond sur une distance de 21,097 kms.
Substances tampons : substances libérées dans le sang pour contrer l'action de l'acide lactique. Ils favorisent la performance..
VMA : Vitesse Maxima Aérobie. A la vitesse supérieure l'effort est dit anaérobie.
Volume d'éjection systolique du cœur : Volume optimal de remplissage du cœur du moment. L'effort physique contribue à l'accroître fortement et ce pendant toute la vie. C'est un facteur de performance.
Vo2max.

Bibliographie.

Renaud Longuèvre : 10 km, Semi et Marathon, éditions *L'Equipe*.
Dr Hugues Daniel, DR Fabrice Khun : Nutrition de l'endurance. Thierry Souccar Editions.
Running & Marathon. Editions Marabout.
Dr Jacques Fricker : « Bien manger pour être au top » Editions Odile Jacob
Dr Stéphane Cascua : « Alimentation pour le sportif » Editions Amphora.
Dr Stéphane Cascua : « le sport est-il bon pour la santé » Editions Odile Jacob.
Dr Cohen : « Savoir Manger » Editions Flammarion.
N. Auste : « Entraînement à l'endurance » Editions Vigot.
Denis Riché : « Guide nutritionnel des sports d'endurance' Editions Vigot.
Pr Stephen Colagiuri : « L'index glycémique » Marabout.

Oui, je veux morebooks!

I want morebooks!

Buy your books fast and straightforward online - at one of the world's fastest growing online book stores! Environmentally sound due to Print-on-Demand technologies.

Buy your books online at
www.get-morebooks.com

Achetez vos livres en ligne, vite et bien, sur l'une des librairies en ligne les plus performantes au monde!
En protégeant nos ressources et notre environnement grâce à l'impression à la demande.

La librairie en ligne pour acheter plus vite
www.morebooks.fr

OmniScriptum Marketing DEU GmbH
Heinrich-Böcking-Str. 6-8
D - 66121 Saarbrücken
Telefax: +49 681 93 81 567-9

info@omniscriptum.com
www.omniscriptum.com

www.ingramcontent.com/pod-product-compliance
Lightning Source LLC
Chambersburg PA
CBHW031155160426
43193CB00008B/379